철학이 있는 투자는
실패하지 않는다

철학이 있는 투자는 실패하지 않는다

초판 1쇄 인쇄 2024년 10월 20일
초판 1쇄 발행 2024년 10월 25일

지은이 100억농부
펴낸이 백유창
펴낸곳 도서출판 더테라스

신고번호 제2016-000191호
주 소 서울 마포구 양화로길 73 체리스빌딩 6층
Tel. 070-8862-5683
Fax. 02-6442-0423
E.mail seumbium@naver.com

ISBN 979-11-988250-1-8 03320

값 16,700원

결국, 수익을 내는 우상향의 기본원칙

철학이 있는 투자는
실패하지 않는다

100억농부 지음

도서
출판 THE TERRACE

Contents

철학이 있는 투자는 실패하지 않는다

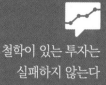

철학이 있는 투자는
실패하지 않는다

이 책의 가치는 2억 원 이상이다

"투자란 철저한 분석을 통해 원금을 안전하게 지키면서도 만족스러운 수익을 확보하는 것이다. 그렇지 않으면 투기다."

벤저민 그레이엄

2011년도부터 주식투자를 시작해서 현재 주식경력 14년 차가 되었다. 주식투자를 배우기 위해 여러 고수를 찾아다니며 교육비로만 순수 1,000만 원 이상을 지출했다. 주식투자에 정말 진심이었고, 언젠가는 이름만 대면 알 수 있는 투자자가 될 것이라 믿었다. 그런 생각으로 주식투자에 임하는 나에게 1,000만원 정도는 아깝지 않았다. 위대한 투자자가 될 수만 있다면 그 이상 얼마라도 투자할 수 있다고 생각했다.

그러나 현실은 달랐다. 돈을 받고 지도를 해 준 고수들은 이렇게만 하면 무조건 돈을 번다고 주장했지만 따라 할수록 손실만 커졌다. 그 고수에게 반론을 제기하자 욕설을 하더니 교육 장소에서 나를 쫓아냈다. 투자로 입은 손실과 환불받지 못한 교육비에 대해 어디 가서 말을 꺼낼 수도 없는 체 말이다.

손실을 복구하기 위해 이번에는 리딩방을 찾아다녔다. 저렴한 곳은 한 달에 30만 원 정도 했고, 가격이 조금 나가는 곳은 100만 원 정도였다. 원금만 복구할 수 있다면 그 정도는 돈도 아니라고 생각했기에 거금을 들여가며 리딩방을 쫓아다녔다. 그런데 리딩방에서 하라는 대로 열심히 했음에도 손실은 계속 커져만 갔다. 결국 손실액은 1억 원을 넘어갔다.

마음은 계속해서 조급해졌고, 빠르게 돈을 벌 수 있다는 데이 트레이딩도 해봤지만 손실은 계속 불어났다. 노력이 부족한가 싶어서 한때는 회사도 그만두고 전업 투자 생활을 하기도 했다. 결과적으로 나는 수중에 있는 돈을 모두 날렸다. 복구가 불가능해 보였다. 정말 하늘이 무너지는 것 같았다.

답답한 마음에 네이버 종목 토론방에 들어가서 손실을 복구할 방법이 있는지 질문을 올렸다. 내 글에 달린 댓글은 "멍청한 놈, 한강 물 따뜻하니 지금 뛰어들어라"라는 조롱 섞인 말뿐이었다. 너무나도 괴로운 하루하루가 이어졌다. 경제적으로 부유하지 못한 상태에서 그나마 있던 돈도 날려버리니 세상이 너무 허무하게 느껴졌다.

스트레스를 많이 받아서였을까? 갑작스럽게 몸이 아프기 시작했다. 병원을 찾았는데 공황장애와 우울증, 불안장애, 사회공포증, 광장공포증 등의 정신건강의학과에서 진료하는 대부분의 병을 진단받았다. 한동안 술이 없으면 버티기가 힘들었다. 내 인생은 그렇게 점점 더 밑바닥으로 가라앉고 있었다.

그러던 어느 날 우연히 '어느 도박사의 올인'이라는 영상을 보게 되었다. 도박으로 처음에는 큰돈을 벌다가 결국에는 인생이 나락으로 가버린 주인공의 이야기였다. 한참을 몰입해서 보고 있다가 문득 누군가와 비슷하다는 생각이 들었다. 그 모습은 바로 주식이라는 도박에 빠진 나의 모습이었다. 나는 그동안 투자를 한다는 명목으로 도박을 하고 있었던 것이다. 머리를 한 대 맞은 것 같았다. 그러나 이렇게 모든 것을 잊기에는 지난날의 노력이 아까웠다. 정말 절실한 마음으로 딱 한 번만 더 주식 투자를 해보자고 결심했다. 만약 이번에도 실패하면 정말 원양어선이라도 탈 생각이었다.

절실한 심정으로 올바른 투자에 대해 깊이 고민하고 배우기 시작했다. 잠깐의 틈만 나도 분석 리포트를 읽었고, 진정한 투자 고수를 찾기 위해 수천 개의 영상과 글을 보았다. 그런 노력 끝에 주식 경력 8년 차가 되면서 나만의 투자관이 형성되기 시작했다.

하지만 그동안 날린 돈이 너무 많다 보니 투자를 할 수 있는 돈이 없었다. 아내가 마지막으로 한 번만 더 해보라며 1,000만원을 마련해 주었다. 그리고 회사에 다니며 적금을 붓는다는 생각으로 매월 30만원씩 투자금을 늘려 나갔다. 오로지 안정적으로 꾸준히 수익내는 것에만 집중하였다. 그렇게 1,000만원의 종잣돈으로 어느 정도 성과를 낼 수 있었다.

아래에서 보이는 키움증권의 일별 실현손익 화면은 내가 2019년 7월경부터 2021년 7월경까지 2년간 실제로 운용한 계좌의 실현손익이다.

참고로 미리 말하자면,

▶ 제시한 사진에는 어떠한 수익률 조작도 없으며, 필요하다면 언제든지 계좌로 증명할 수 있다.

▶ 꾸준히 수익을 내는 것에 중점을 두고 봐주길 바란다.

키움증권 내 계좌의 일별 실현손익 화면

이어지는 그림에서는 내가 안정적으로 수익을 얻는 방법을 터득한 이후, 2020년 1월부터 2021년 10월까지 약 2년간 가족 계좌를 함께 운영하며 얻은 실현손익이다.

키움증권 가족 계좌의 일별 실현손익 화면

큰 손실 없이 꾸준히 수익을 내었음을 확인해 볼 수 있다. 누군가는 "겨우 그 정도 수익을 내놓고 자랑 질이냐?" 라고 할 수도 있다. 그러나 내가 운용한 자금이 10억 원 혹은 100억 원이었다고 가정해보자. 그렇다면 나는 연 1억 원 이상 혹은 연 10억 원 이상의 수익을 꾸준히 얻었을 것이다. 잃지 않고 꾸준히 수익을 낼 수 있다면 '겨우 그 정도 수익'이라고 얕잡아 볼 수 없을 것이다. 그런 면에서 본다면, 이 책은 사실 10억 원 이상의 가치가 있는지도 모른다.

나는 10억 원 이상의 가치가 있는 경험과 노하우를 제대로 전하고 싶었다. 초보 투자자들도 쉽게 이해할 수 있기를 바랐다. 그래서 최대한 쉽게 쓰려고 노력했다. 어려운 주식용어와 개념들은 최대한 배제했다. 그러면서도 그간 10년 이상의 노하우를 제대로 담아내기 위해 많은 고심을 했다.

이 책은 초보 투자자에게는 투자의 철학을, 그리고 투자에서 큰 손실을 보았고 이제라도 올바른 투자를 배우고 싶은 분들에게는 새로운 방향성을 제시할 수 있을 것이라 감히 말씀드린다.

왜 투자를 해야 하는가?

1 ··· 회사 생활만으로는 부자가 될 수 없다

"물가 상승은 당신의 돈을 감소시키는 도둑이다.
밀턴 프리드먼

2011년도에 반도체 대기업에 입사하게 되었다. 내가 입사할 당시만 해도 반도체 산업의 업황이 좋았고, 입사한 회사의 전망도 매우 밝았다. 앞으로 반도체 산업은 계속 성장할 것이고, 이곳에 뼈를 묻으면 회사의 성장과 함께 나도 부자가 될 것이라 믿었다. 불행히도 그런 믿음은 오래가지 못했다.

반도체 산업의 업황은 고점을 찍고 하락 중이었다. 당시 내가 입사한 회사는 반도체 장비로 성공을 거두고 있었고, 신재생 에너지 분야로 사업을 확장하던 중이었다. 그러나 반도체 업황의 하락은 회사의 신사업에도 위기를 초래했다. 회사는 당시에 큰 타격을 입었다.

회사에 다닌 2년 동안 주가는 반도체 산업의 업황을 반영하듯 계속해서 하락했다. 주가의 하락과 함께 회사의 분위기도 점차 나빠졌다. 40대 이상의 과장, 부장, 부사장님들이 해고되거나 이직하기 시작했다.

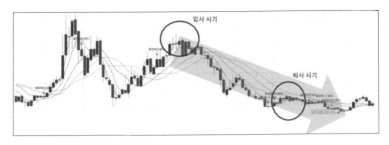

내가 회사를 다니던 시기 동안 회사의 주가

하루의 업무가 끝나면 직원들과 종종 술을 마시러 갔다. 술자리에서 매번 듣던 우스갯소리는 "치킨집 준비는 잘 돼 가냐?" 라는 말이었다. 웃으라고 하는 말이었지만, 웃음이 나오지 않았다. 그때 확실히 느꼈다. '이곳은 내가 뼈를 묻을 곳이 아니다'라는 것을. 반도체 업황이 살아나고 회사가 다시 좋아진다고 해도 내가 이 회사와 함께 부자가 될 것 같지는 않았다.

처음으로 진지하게 고민하게 되었다. 평생을 어느 회사의 직원 신분으로만 살고 싶지는 않았다. 그러나 사업을 시작하려니 모아둔 돈이 없었다. 회사에서 높은 자리까지 짧은 기간 안에 올라가는 것도 불가능해 보였다. 의욕만 앞섰지, 내가 할 수 있는 것은 아무것도 없어 보였다.

그러던 중 '주식을 사서 주주가 되면 회사의 주인이 될 수 있다'는 말을 들었다. 주식투자는 월급만으로도 충분히 할 수 있을 것 같았다. 그렇게 무작정 주식투자를 시작하게 되었다.

나는 첫 거래에서 30% 이상의 수익을 냈다. 100만원을 투자했는데 한 달도 안 되어서 130만원이 되었다. 아무런 노력도 없이 30만 원이 공짜로 생긴 것 같았다. 돈 버는 게 이렇게 쉽다니, 신세계를 맛본 기분이었다. 다음달에는 월급의 대부분을 투자하게 되었다. 그러나 첫 거래와 달리, 사자마자 주가가 하락하기 시작했다. 내 돈이 줄어드는 모습을 보면서 공부의 필요성을 느꼈다. 부자가 되고 싶다는 열망은 자연스럽게 나를 공부로 이끌었다.

평소에 관심도 없었던 투자와 관련된 책을 몇 권 사서 읽게 되었다. 그리고 경제신문도 찾아서 보게 되었다. 그러면서 한가지 사실을 확실히 깨닫게 되었다.

회사가 성장해도 이득을 보는 사람은 직원이 아니라, 사장과 투자자라는 사실을 말이다.'

2 ··· 가만히 있으면 제자리가 아니라 후퇴하게 된다

아래 그림은 몇몇 국가의 주가 지수의 변동을 나타낸 것이다.

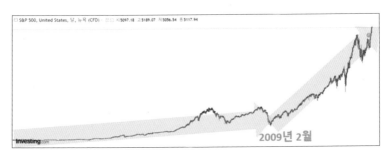

인베스팅닷컴 월봉 차트, 〈미국 S&P 500 지수〉

▶ 인도

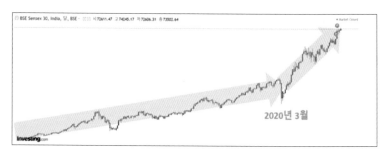

인베스팅닷컴 월봉 차트, 〈인도 센섹스〉

▶ 한국

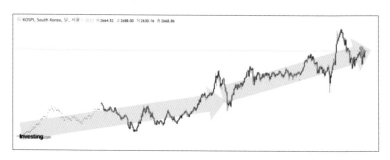

인베스팅닷컴 월봉 차트, 〈한국 코스피〉

지수의 모습을 보면 특징적인 점을 발견할 수 있다. 각 나라의 지수들이 일정한 기울기로 우상향한다는 점이다. 쉽게 말해, 지수에 투자하고 몇 년의 시간이 지나면 기울기만큼 내 자산도 커지게 된다는 의미이다. 워렌 버핏은 이런 원리를 알기 때문에 "지수에 장기 투자하라"고 말했다.

이 원리를 알게 되었을 때, 투자자는 기쁠 수밖에 없다. 장기 투자를 하면 어렵지 않게 자산이 불어난다는 것을 알았기 때문이다. 반대로, 현금만 가지고 있는 사람들에게는 이 사실이 공포가 된다. 현금을 쥐고 가만히 있다 보면 저 기울기만큼 자산은 줄어들 것이기 때문이다. 안전하다고 생각했던 현금이 사실은 가장 위험한 자산이었다. 한때 유행처럼 번졌던 "앉아서 갑자기 벼락 거지가 되었다"는 말은 이런 의미를 내포하고 있다.

3 ··· 가만히 있는데 어떻게 자산이 줄어들 수 있나요?

'가만히만 있어도 지수의 기울기만큼 내 자산이 줄어든다.'는 말이 이해되지 않는 분들도 있을 것이다. 왜냐하면 본인의 자산은 장롱 속에서 잘 보관되고 있다고 생각하기 때문이다. 그러나 이 말을 단계별로 풀어서 생각해보면 납득이 갈 것이다.

1. 코스피 지수는 단순하게 표현해서 주식회사들의 합이다.
2. 코스피 지수가 일정한 기울기로 상승한다는 것은, 코스피에 속한 회사들의 주가가 상승하고 있음을 뜻한다.
3. 회사의 주가가 상승한다는 것은 회사의 규모가 커지고 있음을 의미한다.
4. 회사의 규모가 꾸준히 커지려면 매출액이 꾸준히 증가해야 한다.
5. 매출액이 증가하려면, 회사가 파는 물건 가격이 상승하거나 또는 더

많은 물건을 팔아야 한다. 이것을 공식으로 표현하면 아래와 같다.

매출액 = p(판매단가) X Q(판매수량)

6. 이때 P(판매단가)의 상승은 우리가 구매하는 물건값의 상승으로 이어
   진다.

7. 장을 보러 마트에 가면 대부분의 물건 가격이 올랐음을 느낀다.

8. 과거에는 3만원이면 충분했던 식재료 구입이 이제는 5만원은 있어야
   가능하다.

9. 물가가 상승하니 필요한 물건만 사도 월급이 눈 녹듯 사라진다.

10. 물가 상승이 가만히 있는 내 돈을 줄어들게 만든다.

이제는 이해가 되는가?

다시 한 번 요약하자면, 물가가 상승하기 때문에 가만히 들고 있는 자
산은 줄어들게 되고, 투자가 된 자산은 불어나게 된다.

결국, 지수의 상승각도는 물가 상승률과 연관이 있다고 생각할 수 있다.

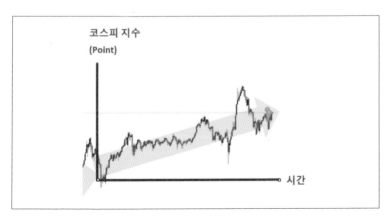

일정한 각도로 상승하는 코스피 지수

자산가들은 이러한 원리를 누구보다 잘 알고 있다. 돈이 많을수록 물가 상승률의 영향을 크게 받기 때문이다. 물가상승률로 인해 일반 회사원이 몇 년 동안 일을 해야 벌 수 있는 돈을 쉽게 벌기도 한다. 그렇기 때문에 그들은 시간을 내서 경제 뉴스를 보고 투자에 대해 꾸준히 공부하는 것이다.

이 이야기는 자산가에게만 해당되는 것이 아니다. 보통의 월급쟁이들에게도 반드시 필요한 이야기이다. 최근 물가가 많이 올라 월급으로 한 달 생활하는 것조차 빠듯하다고 느낄지도 모른다. 그럼에도 불구하고 월급의 10% 정도는 기계적으로 떼어 투자를 위한 돈으로 분리해 놓을 필요가 있다.

앞으로도 물가는 꾸준히 상승할 것이고 생활비는 늘 부족할 것이다. 해답은 자산가들이 하는 것처럼 물가상승률에 동승해서 내 자산을 불리는 것이다. 처음 몇 년간은 자산 규모도 작고 큰 도움이 안 된다고 생각할 수도 있다. 하지만 10년, 20년 후에는 복리로 불어난 투자금이 우리를 돈 걱정으로부터 해방시켜 줄 것이다.

내가 부자가 될 상인가?

4 ··· 부자가 될 사람들의 특징

우리는 누구나 부자가 되기를 꿈꾼다. 부자가 되면 단순히 물질적인 풍요를 넘어 삶의 질 자체가 변하기 때문이다. 예를 들어, 내 아이들에게 더나은 환경을 제공할 수 있고, 새로운 경험과 더 나은 교육을 받게 할 수 있다. 또한 경제적인 여유와 함께 시간적인 여유도 생긴다. 이는 사랑하는 사람과 더 많은 시간을 보낼 수 있게 하고, 남을 도울 때도 망설임 없이 행동할 수 있게 한다. 이러한 삶은 내적으로도 충만함을 주며, 결과적으로 더 건강하고 행복한 삶을 가능하게 한다. 부자가 되어 얻을 수 있는 이점은 이 밖에도 수없이 많다.

우리는 다양한 이유로 부자가 되기를 꿈꾼다. 그러나 실제로 부자가 되는 사람은 많지 않다. 그렇다면 부자들만이 가지고 있는 특징이 있는 것일까? 투자의 관점에서 부자가 되는 사람들의 특징은 무엇이 있을까?

이형도 저자의 《〈거래의 신, 혼마〉》에는 다음과 같은 이야기가 소개된다.

어떤 사람이 주식투자로 큰 손실을 보고 시름에 빠져 있을 때, 깨달음이 깊은 스님을 찾아가 조언을 구했다고 한다.

"아, 스님. 아무리 잘해보려고 해도 손실만 계속 나는데, 대체 어떻게 해야 돈을 벌 수 있겠습니까?"

고민스러운 표정으로 투자 실패자가 묻자, 스님은 뭐 그리 쉬운 걸 고민하느냐는 표정으로 한마디 했다고 한다.

"그거야 싸게 사서 비싸게 팔면 돼"

그렇다. 투자로 부자가 될 사람들의 특징은 싸게 사고 비싸게 팔 줄 안다는 것이다. 그들은 투자 대상을 볼 때 가격이 싼지 비싼지 판단하는 기준을 가지고 있다. 그런 기준을 바탕으로 단순하게 행동한다. 싸지면 사고 비싸지면 파는 것이다.

세계 최고 부자 중에 한명인 워렌 버핏의 일화도 살펴보자.

워렌 버핏은 2008년 금융위기 때 위기에 빠진 골드만 삭스에 투자했다.

당시 골드만 삭스의 주가는 금융시장의 불안으로 연일 폭락하던 중이었다.

모두가 더 큰 위기가 올 거라며 두려워하던 상황이었다.

그럼에도 워렌 버핏은 50억 달러를 투자하기로 결단했다.

골드만 삭스의 주가가 가치 대비 현저하게 싸다고 판단했기 때문이다.

시간이 지나면서 금융 시스템은 결국 안정화되었고, 골드만 삭스의 주가도 정상적으로 회복되었다.

용기 있게 결단을 내렸던 버핏은 그때의 투자로 막대한 돈을 벌 수 있었다.

워렌 버핏은 금융위기로 모두가 두려움에 떨 때 단순한 행동에 집중했다. 그는 가격이 싸지길 기다렸고, 실제로 싸졌을 때 샀다. 금융위기 같은 큰 사건이 발생하면 감정에 휩쓸리기 쉽다. 큰 폭으로 흔들리는 주가 앞에서 아는 것을 행동으로 옮기는 사람은 드물다. 두려움 때문에 판단력이 마비되기 때문이다.

투자자는 싸게 사서 비싸게 팔 수 있어야 한다. 위기 상황에서도 객관적인 시야를 유지해야 한다. 이를 가능하게 하려면 자신만의 판단 기준이 있어야 한다. 투자를 하다 보면 끊임없이 듣게 되는 교과서 같은 말이다. 그런데 정작 명확한 기준을 가진 투자자는 많지 않다. 독자분은 '싸게 사서 비싸게 파는 것'에 대한 자신만의 기준이 있는가?

명확한 기준이 있는 투자의 고수라면 이 책을 안 봐도 된다. 그러나 명확한 기준이 없다면 내가 사용하는 방법들이 도움이 될 수 있을 것이다. 이 책은 그러한 방법을 전달하기 위해 쓰였다.

이제 그 방법에 대해서 알아보도록 하자.

다음 단계 진행 전, 간단한 테스트

다음 단계로 넘어가기 전에 간단한 테스트를 진행해보자. 이 테스트의 목적은 여러분의 준비 상태를 확인하는 것이다. 문제는 매우 쉬우니 걱정할 필요는 없다. 만약 이 문제의 답을 찾지 못한다면, 실력을 조금 더 키운 후에 이 책을 다시 보는 것이 좋다.

자, 이제 문제를 풀어보자.

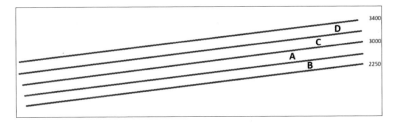

다음 단계 진행을 위한 테스트

▶ 철수는 싸게 사고 비싸게 파는 연습을 하고 있다. 사야 할 기회와 팔아야 할 기회가 각각 한 번씩만 주어진 상황에서, 다음 중 알맞은 정답을 위의 A, B, C, D 중에 고르시오.

1) 사야 할 때:

2) 팔아야 할 때:

▶ 정답은 사야 할 때는 B, 팔아야 할 때는 D이다.

사야 할 때는 A, 팔아야 할 때는 C를 선택한 사람도 있을 것이다. 어떤 생각인지 다 안다. 그러나 많은 생각을 하지 말고 정말 단순하게 생각해 보자. 이 문제는 어린아이처럼 단순하게 생각해야 한다. 단순하게 생각할 수 있어야 뒤에 나오는 내용들도 쉽게 받아들일 수 있다. 자, 혹시 틀렸다면 다시 한 번 풀어보자.

이제는 정답을 맞혔는가? 다들 정답을 알았다는 가정하에 다음 단계로 넘어가 보자.

쉽게 배우는 투자의 기초

5 ··· 주식시장에도 기준이 되는 국가대표가 있을까?

주식시장에도 나라를 대표하는 기준이 있다. 우리는 그것을 '지수'라고 부른다. 주가지수는 특정 국가의 전반적인 상황을 보여준다. 우리나라에는 대표적으로 코스피 지수와 코스닥 지수가 있다. 물론 다른 나라들도 각 나라를 대표하는 지수를 가지고 있다. 예를 들어, 미국에는 S&P500 지수와 나스닥 지수가 있다.

투자자들은 지수만 보고도 각 나라의 경제 상황과 생활 모습을 짐작할 수 있다. 지수가 상승하고 있다면 경기가 좋다고 예상할 수 있다. 이 경우, 사람들은 경제적으로 여유가 있으며 소비가 전보다 늘고, 관광이나 문화 활동도 활발해진다. 반면에, 지수가 하락하고 있다면 경기가 안 좋다고 예상할 수 있다. 이때는 사람들의 지출이 최대한 줄어들고, 외부 활동보다는 집 안에서 시간을 보내는 경우가 늘어난다.

이처럼 주가 지수는 투자자에게 매우 중요한 역할을 한다. 그렇다면 각

국가의 주가 지수를 한눈에 볼 수 있는 곳이 있을까? 다행히도, 전 세계의 지수를 무료로 볼 수 있는 곳이 있다. '인베스팅닷컴' 사이트를 통해 실시간 무료로 확인이 가능하다. 아래 그림을 참조하도록 하자.

종목	종가	고가	저가	변동	변동 %	시간
코스피지수	2,671.52	2,672.58	2,660.51	-8.83	-0.33%	10:05:40
코스피 50	2,512.56	2,514.21	2,500.53	-15.04	-0.60%	10:05:40
코스닥	873.99	874.75	868.48	+0.81	+0.09%	10:05:00
다우존스	38,722.69	38,971.15	38,705.03	-68.66	-0.18%	09/03
S&P 500	5,123.69	5,189.26	5,117.50	-33.67	-0.65%	09/03
나스닥종합지수	16,085.11	16,449.70	16,059.50	-188.26	-1.16%	09/03
러셀 2000	2,082.71	2,115.95	2,075.90	-2.03	-0.10%	08/03
CBOE VIX	14.74	15.53	13.97	0.00	0.00%	09/03
캐나다 S&P/TSX	21,737.53	21,892.06	21,694.10	-57.03	-0.26%	09/03
브라질 보베스파	127,071	128,338	125,802	-1,269	-0.99%	09/03
S&P/BMV IPC	54,935.99	55,313.86	54,890.26	-113.50	-0.21%	09/03
DAX	17,810.75	17,860.51	17,795.13	-3.76	-0.02%	09/03
영국 FTSE	7,659.74	7,693.89	7,646.20	-32.72	-0.43%	09/03
프랑스 CAC	8,028.01	8,048.09	8,008.04	+11.79	+0.15%	09/03
유로 스톡스 50	4,962.15	4,986.85	4,960.15	-11.90	-0.24%	09/03
네덜란드 AEX	861.96	872.00	861.96	-6.78	-0.78%	09/03
스페인 IBEX	10,305.70	10,366.90	10,304.20	-13.90	-0.13%	09/03
이탈리아 FTSE MIB	33,403.80	33,514.34	33,393.11	-14.88	-0.04%	09/03
스위스 SMI	11,647.14	11,649.99	11,580.24	+71.77	+0.62%	09/03
PSI	6,155.48	6,236.31	6,143.28	-37.27	-0.60%	09/03

인베스팅닷컴 전 세계 지수 〈한국 코스피〉

경제를 보는 안목을 키우고 싶다면 지수를 많이 봐야 한다. 금리와 환율 같은 외부 환경이 변함에 따라 각국의 지수들의 변화를 관찰하고 비교해 보는 것만으로도 투자 실력을 키우는 데 상당한 도움이 된다.

"나는 쉬운 게 좋다"라고 생각하는 분들은 우리나라 지수만 공부해도 된다. 코스피 지수와 코스닥 지수 중 어떤 것을 봐야 할지 고민하는 분들이 있던데, 하나만 선택해서 봐야 한다면 코스피 지수만 봐도 된다. 코스피 지수와 코스닥 지수의 움직임은 비슷하기 때문이다.

아래 그림을 보면 코스피 지수와 코스닥 지수가 높낮이만 다를 뿐, 모양은 유사하다는 것을 확인할 수 있다.

코스피 지수와 코스닥 지수 비교 차트

따라서 코스피 지수만 열심히 보더라도 우리나라와 세계 경제의 현재 상태를 짐작할 수 있다.

가끔 지인들이 주식을 시작한 지 오래되었는데 실력이 늘지 않는다며 뭘 공부해야 하는지 물어볼 때가 있다. 그럴 때 나는 지수의 변곡점에서 어떤 일이 있었는지 과거의 뉴스를 찾아보는 연습을 해보라고 조언한다.

지수의 변동에는 금리나 환율, 외부적인 사건들이 모두 반영되어 있다.

상승과 하락, 그리고 방향이 바뀌는 변곡점에서는 항상 그럴 만한 이유가 있다. 이러한 이유를 찾아보고 지수변화와 비교하며 공부하는 것만으로도 경제를 보는 눈이 달라진다. 따라서 나는 지수를 공부하는 것이 투자 실력을 늘리는 최고의 방법이라고 생각한다.

6 … 투자해도 되는 나라를 한눈에 확인할 수 있을까?

"돈이란 헛된 기대에 부풀어 있는 도박꾼으로부터 나와 확률이 정확히
어디에 있는지 아는 사람에게 흘러 들어가게 마련이다."
랄프웬저

과거에 대형 투자커뮤니티에 꾸준히 칼럼을 쓰곤 했었다. 시간이 지나
면서 내가 쓴 글에 '좋아요'를 눌러 주시는 분들이 점점 늘어났다. 그리고
다양한 분들이 댓글과 쪽지로 질문을 주셨다. 그중에는 해외 투자에 관심
이 많은 분도 계셨다. 아래의 질문은 그분이 해외 투자에 관해 나에게 질
문한 내용 중 하나이다.

가끔 지인들과 해외 주식 투자에 대해 대화할 때가 있습니다.
지인들은 뉴스 기사를 언급하며 "OO 나라의 경제 상황이 좋으니 투자
해야 한다"라는 막연한 말을 하곤 합니다.
그런데 지인마다 주장하는 말이 달라서 혼란스러울 때가 있습니다.
이럴 때 투자해도 되는 나라를 선별하는 쉽고 빠른 방법이 있을까요?

이 질문에 대한 내 답변은,

"네. 있습니다. 각 나라의 지수를 월봉 차트로 멀리서 보면 한눈에 확인할 수 있습니다." 였다.

투자해도 되는 나라를 선별하는 기준은 '경제적 성장성'이다. 어떤 나라가 경제적으로 꾸준히 성장하고 있다면 그 나라에 속한 기업들도 꾸준히 성장하며 돈을 잘 벌고 있다는 의미가 된다. 기업들이 돈을 잘 벌고 성장하면 그 나라 국민들도 돈을 잘 벌게 된다. 국민들이 돈을 잘 벌면 소비가 늘어나고, 다양한 활동이 증가하며, 새로운 문화와 산업이 발전하게 된다. 이는 다시 선순환되어 기업을 성장시키고 나라가 성장하는 발판이 된다. 따라서 경제적으로 꾸준히 성장하는 국가에 투자하면 높은 확률로 그 나라의 성장과 함께 나의 자산도 불어나게 된다. 이때, 이 '경제적 성장성'을 한눈에 파악하는 방법이 지수를 월봉 차트로 멀리서 보는 것이다. (※ 월봉 차트: 1달 단위로 표현한 차트로, 막대 봉 하나는 1달을 뜻함)

각 나라의 지수를 예로 들어 보겠다.

▶ 미국

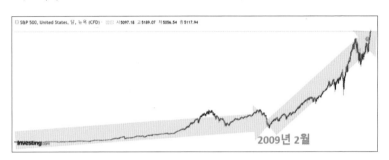

인베스팅닷컴 월봉 차트, 〈미국 S&P 500〉

☞ 미국은 2009년경 이후부터 급격하게 성장하고 있음을 볼 수 있다. 전 세계 많은 투자자가 왜 미국 증시에 투자하는지 이해할 수 있는 부분이다.

▶ 중국

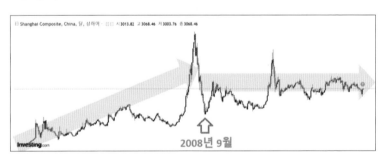

인베스팅닷컴 월봉 차트, 〈중국 상해종합〉

☞ 중국은 2008년경 이후부터 성장세가 많이 꺾였음을 볼 수 있다.

철학이 있는 투자는 실패하지 않는다

▶ 일본

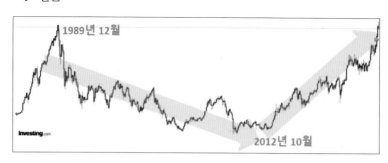

인베스팅닷컴 월봉 차트, 〈일본 니케이 225〉

☞ 일본은 1980년대 버블이 터진 이후 계속해서 하향 추세를 보이다가, 2010년경부터 최근까지 경제가 회복되고 있음을 볼 수 있다.

▶ 인도

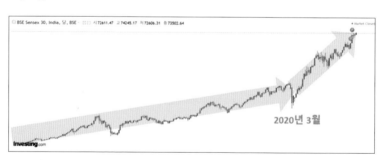

인베스팅닷컴 월봉 차트, 〈인도 센섹스〉

☞ 인도는 꾸준한 성장세를 보이다가 2020년 이후 성장 속도가 더욱 가팔라지고 있다. 얼마 전 인도 투자 열풍이 불었던 이유를 짐작해 볼 수 있다.

▶ 한국

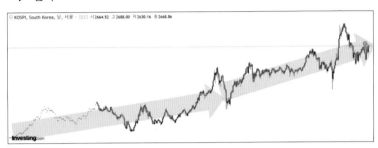

인베스팅닷컴 월봉 차트, 〈한국 코스피〉

☞ 우리나라도 꾸준히 성장하고 있음을 볼 수 있다.

이처럼 큰 흐름을 보기 위해서는 월봉 차트로 멀리서 보는 것이 상당한 도움이 된다. 전문가들의 의견을 듣지 않아도 어떤 나라에 투자하면 좋을지 스스로 판단할 수 있게 된다.

가끔 이렇게 말하는 사람도 있다. "차트는 과거의 데이터이다. 주식은 미래를 예측해야 한다. 그러므로 차트를 본다고 해서 투자에 크게 도움이 되지 않는다."라고. 이 말은 반은 맞고 반은 틀리다. 일봉이나 분봉처럼 단기적인 시야로 차트를 본다면 맞는 말이다. 방향성이 쉽게 변하기 때문에 의미 없는 과거의 데이터일 뿐이다. 그러나 월봉으로 본다면 이야기가 달라진다. 월봉은 장기적인 데이터이다. 일단 장기적인 추세가 정해지면 쉽게 변하지 않는다. 쉽게 변하지 않기 때문에 월봉에서 보이는 패턴을 분석하는 것은 큰 의미가 있다. 지수를 월봉으로 반복적으로 보고 분석하는 연습을 해 보자. 돈을 벌 수 있는 높은 확률이 어디에 있는지 알게 될 것이다.

7 ··· 도박 말고 투자를 하자

"투자는 IQ와 통찰력 혹은 기법의 문제가 아니라,
원칙과 태도의 문제다."

벤저민 그레이엄

내가 처음 투자의 세계에 발을 들였을 때, 적은 돈이라도 벌 수 있으면 다행이라는 생각이었다. 누군가 추천하는 종목에 가진 돈을 모두 투자하고, 약간의 수익이 나면 바로 팔아버리곤 했다. 초심자의 행운 덕분에 처음에는 쉽게 수익을 얻을 수 있었다. 투자금은 점점 커졌고, 결국 한순간에 큰 손실을 보게 되었다.

이건 나만의 이야기가 아니다. 많은 투자자들이 비슷한 경험을 한다. 그러나 이러한 방식의 투자는 결코 자산을 불려주지 못한다. 투자를 통해 부자가 되기 위해서는 투자의 본질을 이해하고 접근해야 한다.

그렇다면 투자의 본질이란 무엇일까? 내가 생각하는 투자의 본질은 '기업과의 동행'이라고 본다. 이 말은 너무 많이 들어 진부하게 느껴질 수도 있다. 하지만 투자의 깊이가 깊어질수록 오히려 새롭게 다가온다.

기업과의 동행은 아래와 같이 단순화할 수 있다.

1) 성장 가능성이 있는 기업을 선정한다.

2) 기업이 성장할 수 있도록 자원을 투자하고 응원한다.

3) 성장 과정을 지켜보며 믿고 기다린다.

4) 예상대로 기업이 성장하면 그 보답으로 함께 부자가 된다.

주식 투자를 오래 하고 깊이 이해할수록 본질에 집중하게 된다. 본질은 단순 명료하지만 끝없는 깊이를 가지고 있다.

왜 본질을 알고 투자해야 할까? 본질을 모르고 투자하면 도박이 되기 쉽기 때문이다. 도박의 사전적 정의는 '요행수를 바라고 불가능하거나 위험한 일에 손을 댐'을 뜻한다.

대다수 사람들은 투자라는 명목 하에 도박을 하고 있다. 심지어 자신이 도박을 하고 있는지도 모른다. 주식 시장에 오래 있다 보면 흔하게 볼 수 있는 현상이다.

이건 과거의 내 이야기이기도 하다. 주식시장에 처음 들어왔을 때 나는 너무 쉽게만 생각했었다. 상승하는 종목을 맞추기만 하면 금방 원금이 불어날 것 같았다. 돈을 걸고 홀짝 게임을 하는 것과 다를 바가 없었다. 주변 사람들도 비슷하게 생각하고 행동했기에 잘못됐다는 생각조차 못했다. 계속되는 도박판 속에서 피 같은 돈이 순식간에 사라졌다. 전 재산이 눈 녹듯 녹아버렸고, 내 가족의 꿈도 함께 녹아 버렸다.

다행히도 운이 따라 지금은 모두 만회하고 더 잘 되었기에 덤덤하게 말할 수 있지만, 당시에는 무척이나 힘들었다. 부디 독자분들은 나와 같은 실수를 하지 않길 바란다.

그렇다면 본질에 가까운 투자를 하려면 어떻게 해야 할까? 내가 경험한 바로는 장기적인 시야를 가지고 투자에 임하는 것이다. 구체적인 예로, 차트를 볼 때 일봉이나 분봉보다는 월봉을 보면서 투자하는 것이 좋다.

말로만 설명하는 것보다 차트를 보면서 직관적으로 느껴보는 것이 좋을 것이다.

아래의 그림들은 코스피 지수의 일봉, 주봉, 월봉, 년봉의 차트이다.

▶ 1번: 코스피 지수 일봉 차트 (1일 단위로 지수를 표현한 차트)

키움증권, 코스피 지수 일봉 차트

▶ 2번: 코스피 지수 주봉 차트 (1주 단위로 지수를 표현한 차트)

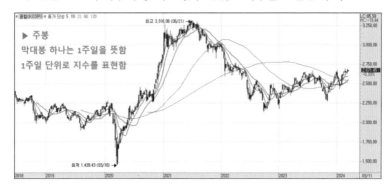

키움증권, 코스피 지수 주봉 차트

▶ 3번: 코스피 지수 월봉 차트 (1개월 단위로 지수를 표현한 차트)

키움증권, 코스피 지수 월봉 차트

철학이 있는 투자는 실패하지 않는다

▶ 4번: 코스피 지수 년봉 차트 (1년 단위로 지수를 표현한 차트)

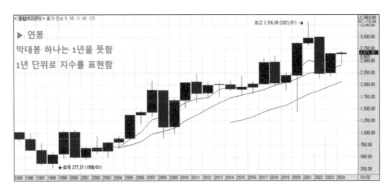

키움증권, 코스피 지수 년봉 차트

장기적인 시야를 갖는 데 도움이 되는 차트가 있는가? 느낌이 잘 오지 않는 분들을 위해 월봉 차트와 년봉 차트에 화살표를 추가해서 다시 살펴보겠다.

▶ 3번: 코스피 지수 월봉 차트 + 화살표

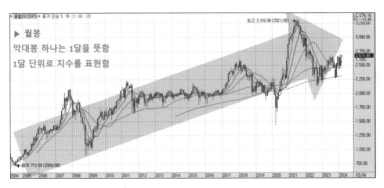

키움증권, 화살표를 추가한 코스피 지수 월봉 차트

▶ 4번: 코스피 지수 년봉 차트 + 화살표

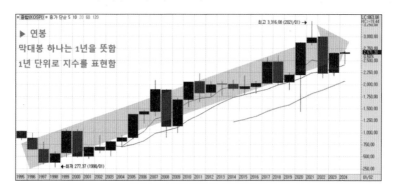

이제는 장기적인 방향성이 명확하게 보이지 않는가? 코스피 지수는 오랫동안 꾸준히 우상향하고 있음을 확인해 볼 수 있다. 이렇게 꾸준히 우상향을 유지한다면 장기적인 시야를 가지고 동행해도 좋을 것이다.

CHAPTER4

숨겨 놓은
황금을 볼 수 있는 비밀

8 ··· 비밀은 바로 구조도

"가치에 대한 확고한 신념이 있어야만 수익이 발생하지 않는
기간을 버텨낼 수 있다."
하워드 막스

주식 투자를 시작한 지 얼마 안 되었을 때, 나는 책을 통해 '싸게 사서
비싸게 판다.'는 주식투자의 핵심 내용을 알게 되었다. 실전 투자 경험이
거의 없었지만, 책에서 배운 대로만 하면 쉽게 돈을 벌 수 있을 것 같았다.
처음으로 코스피 지수를 월봉으로 펼쳐 보았다. 과거부터 현재까지 이
어지는 코스피 지수의 월봉 차트는 많이 생소했지만, 왠지 돈을 벌 수 있
는 해답이 있을 것만 같았다. 나는 코스피 지수 차트에 가격이 싼 영역은
빨간색 동그라미로, 비싼 영역은 파란색 동그라미로 표시해 보았다.

그림과 같이 동그라미로 표시하고 나니 비밀을 푼 것 같은 전율이 느껴
졌다. '싸게 사고 비싸게 팔 수 있는 해답'을 알게 된 것 같았다. 이제부터
빨간색 동그라미와 비슷한 모습이 나오면 사고, 파란색 동그라미와 비슷
한 모습이 나오면 팔면 되는 것이었다.

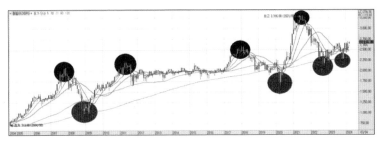

코스피 지수 월봉 차트

모든 것이 완벽하다고 생각하며 거래를 위해 현재 시점에서 차트를 보았다. 그러나 막상 거래를 시도하려니 현재 시점의 영역이 싼지, 비싼지를 판단할 수 없었다. 과거 차트를 볼 때는 쉽게 표시할 수 있었지만, 현재 시점에서는 전혀 감이 오지 않았다.

과거에 느꼈던 그 감정을 독자분들도 잠시 느껴보길 바라며, 다음 문제를 풀어보도록 하겠다.

아래 그림은 코스피 지수의 월봉 차트이다. 검은색 동그라미가 있는 A 지점을 현재 시점이라고 가정할 때, A 지점은 가격적으로 싼가? 아니면 비싼가?

코스피 지수 월봉 차트

어떤가? 가격이 싼지 비싼지에 대한 명확한 판단이 서는가? 아마 쉽지 않을 것이다. 왜냐하면 '싸다'와 '비싸다'를 판단할 명확한 기준이 없기 때문이다.

이쯤에서 CHAPTER2에서 보았던 '다음 단계 진행을 위한 테스트'를 다시 한번 떠올려 보겠다.

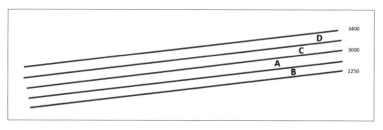

다음 단계 진행을 위한 테스트

우리는 '싸게 사고 비싸게 파는 것'에 관한 문제의 정답을 맞히고 여기까지 오게 되었다. 위의 문제는 다시 보아도 쉽다는 생각이 든다. 파란색 선들이 문제를 풀 수 있도록 기준선 역할을 해주기 때문이다. 따라서 '싸게 사려면 B의 영역에서 사고, 비싸게 팔려면 D의 영역에서 팔면 된다'라는 결론에 이를 수 있었다.

그러면 코스피 지수의 월봉 차트에도 파란색 기준선을 그어 보면 어떨까? 다음 그림은 코스피 지수의 월봉 차트에 기준선 5개를 그려 놓은 모습이다.

기준선을 그려 놓은 코스피 지수 월봉 차트

어디서 많이 본 것 같지 않은가? 자세히 보면, 이전의 그림과 매우 비슷하다는 것을 알 수 있다. 사실 이전의 '다음 단계 진행을 위한 테스트'는 기준선을 그려 놓은 코스피 지수의 월봉 차트에서 봉들만 지운 모습이었다.

이 모든 것을 알고 나면, 그림 코스피 월봉지수차트의 A 지점에 대해 가격적으로 싼지 비싼지를 판단할 수 있는 기준이 생긴다. 아래와 같이 지수에 기준선을 그려 놓고 보면, A지점은 B 영역대와 매우 근접한 영역임을 알 수 있다. 그러므로 'A지점은 가격적으로 저렴하다.'라고 생각해 볼 수 있게 된다.

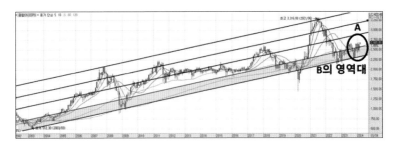

B의 영역대를 표시한 코스피 월봉 차트

　코스피 지수에 기준선을 그리는 것만으로도 싸게 사고 비싸게 파는 것
에 대한 기준을 세울 수 있게 된다. 나는 이 5개의 파란색 기준선을 '구조
도'라고 부른다. 앞으로는 편의상 '구조도'라고 명칭 하겠다. 이처럼 구조
도를 활용하면 주가의 흐름을 보다 체계적으로 분석할 수 있게 된다.

9 ··· 사례를 통해 보는 구조도의 유용성

"비싼 것보다는 싼 것을 꾸준히 매입하기 위해서는 다른 투자자들보다
통찰력에서 앞서야 한다. 그러면 다른 투자자들이 찾을 수 없거나,
찾지 않을 것에서 최고의 투자 대상을 발견할 수 있다."

하워드 막스

구조도의 원리는 '추세'에 있다. 추세란 어떤 현상이 일정한 방향으로
나아가는 경향을 말한다. 추세는 눈으로만 보면 파악하기가 쉽지 않다.
그러나 추세선들로 이루어진 구조도를 그려 놓으면 상단과 하단을 오가
며 길을 지나가는 대상의 본모습을 볼 수 있게 된다.

주식시장에 오래 있다 보면 재미있는 현상을 발견하게 된다. 불규칙하
게 보이는 모든 가격이 사실은 일정한 규칙들을 가지고 움직이고 있다는
것이다. 이 규칙이 바로 추세이다. 따라서 모든 가격에 구조도를 그려 놓
고 보면 상단과 하단을 따라 구불구불 움직이는 실체를 볼 수가 있게 된
다. 실체를 볼 수 있다면 자연스럽게 싸게 사고 비싸게 팔 수 있는 힌트를
얻을 수 있다.

사례를 통해 살펴보자. 현재 시장의 위치와 앞으로의 방향성을 분석하
기 위해서는 매크로 지표를 분석할 수 있어야 한다. 매크로 지표란 간단

히 말해 경제를 분석할 때 사용되는 여러 항목들을 뜻한다. 이 매크로 지표에는 국내총생산(GDP), 실업률, 환율, 원자재 등 여러 가지 항목이 포함된다. 이러한 매크로 지표를 분석할 때도 구조도를 사용하면 분석이 쉬워진다. 아래 그림은 매크로 지표에 속하는 주가 지수, 원자재, 환율 등의 차트에 구조도를 추가한 것이다.

(※ 인베스팅닷컴의 무료 차트를 이용하였습니다. 단순 예시일 뿐 투자를 권유하는 사항은 아니니 참고하시기 바랍니다)

▶ 지수: 우리나라 KOSPI

구조도를 그려 놓은 코스피 월봉 차트

▶ 지수: 미국 S&P500

구조도를 그려 놓은 S&P500 월봉 차트

▶ 원자재: WTI 유가

구조도를 그려 놓은 WTI 유가 선물 월봉 차트

▶ 원자재: 금

구조도를 그려 놓은 금 선물 월봉 차트

▶ 원자재: 구리

구조도를 그려 놓은 구리 선물 월봉 차트

철학이 있는 투자는 실패하지 않는다

▶ 비트코인

구조도를 그려 놓은 비트코인 월봉 차트

▶ 달러/원 환율

구조도를 그려 놓은 달러/원 환율 월봉 차트

사례를 통해 보는 바와 같이, 무질서해 보이는 대부분의 가격들은 구조
도의 상단과 하단을 따라 규칙적으로 이동하고 있음을 확인할 수 있다.
이는 매크로 지표에서도 마찬가지이다. 물론 구조도가 있다고 해도 단기
적인 미래를 정확히 예측하는 것은 불가능하다. 하지만 적어도 나만의 기
준에 따라 지금 가격이 '싸다'거나 '비싸다'고 판단할 수 있게 된다.

10 ··· 실전 연습

"한 걸음을 내딛기만 하면, 다른 세상이 열린다."
용기 없는 사람

구조도를 그리는 것은 상당히 쉽다. 몇 번의 연습만으로도 전문가들이 그리는 것과 비슷하게 그릴 수 있다. 지인들이 가끔 구조도 그리는 방법을 알려달라고 하여 알려주곤 한다. 10명 중 9명이 구조도 그리는 방법을 쉽게 배웠다. 그런데 간혹 생각을 너무 많이 해서 선 긋는 것을 망설이는 분들이 있었다. 그런 분들에게는 "단순하게 생각하고 일단 그려 보시라"고 말씀드린다.

구조도는 틀려도 계속 그려봐야 한다. 자꾸 그리다 보면 자신만의 눈이 생긴다. 많은 생각을 하지 말고 일단 그려 볼 것을 권장한다.

자, 시작해 보자.
(※ 코스피 지수의 월봉 차트를 이용한 구조도 그리기 연습)

▶ 1단계

- 코스피 지수의 차트를 월봉으로 길게 본다.

- 봉들의 밑부분을 연결하여 기준선을 긋는다.

- 똑같은 선을 4개 더 긋는다. (같은 선이 5개가 되게 한다.)

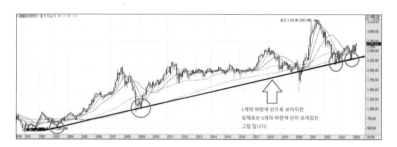

▶ 2단계

- 선 1개를 상단부에 있는 봉의 윗부분에 맞추어 놓는다.

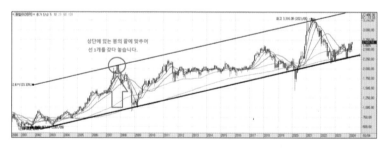

▶ 3단계

- 선 1개를 상단 선과 하단 선의 중간쯤에 놓는다.

- 중간쯤에서 움직이다 보면 봉들이 영향을 받는 지점을 찾을 수 있게 된다.

- 정확하지 않아도 좋으니 대략적인 위치를 잡아 놓으면 된다.

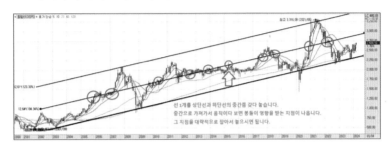

구조도 그리기 3단계

▶ 4단계

- 선 1개를 상단 선과 중간선의 중간쯤에 놓는다.

- 중간쯤에서 움직이다 보면 봉들이 영향을 받는 지점을 찾을 수 있다.

- 정확하지 않아도 좋으니 대략적인 위치를 잡아 놓으면 된다.

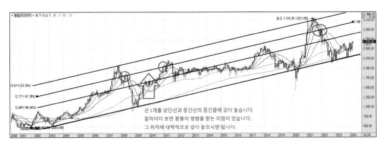

구조도 그리기 4단계

▶ 5단계

- 선 1개를 하단 선과 중간선의 중간쯤에 갖다 놓는다.

- 중간쯤에서 움직이다 보면 봉들이 영향을 받는 지점을 찾을 수 있다.
- 정확하지 않아도 좋으니 대략적인 위치를 잡아 놓으면 된다.

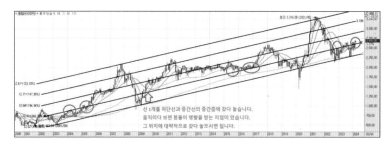

구조도 그리기 5단계

구조도가 완성되었다. 눈으로만 보면 헷갈리는 부분이 있을지도 모른다. 그러나 실제로 그려보면 상당히 쉽다는 것을 알게 될 것이다. 내 것으로 만들려면 일단 해 봐야 한다. 반복해서 그려보고 대상을 바꿔가며 그려 보기도 해야 한다. 컴퓨터, 핸드폰 등 다양한 환경에서 그려 보기도 해야 한다.

처음에는 익숙하지 않아서 생각이 필요한 부분도 있을 것이다. 하지만 시간이 지나며 자신만의 기준을 가지고 구조도를 그리게 될 것이다. 연습이 충분히 된 분들은 앞에서 본 것처럼 매크로 지표에 구조도를 추가해 보자. 이것도 전혀 어렵지 않다. 매크로 지표는 인베스팅닷컴 사이트에서 대부분의 자료를 볼 수 있다. 이런 반복적인 연습을 통해 추세를 분석할 수 있는 눈이 생긴다. 그리고 자연스럽게 세계 경제가 돌아가는 원리도 알게 될 것이다.

11 ··· 구조도 자주 하는 질문들

Q: 컴퓨터 HTS, 모바일 MTS에서 코스피 지수의 월봉 차트를 이용해서 그려 봤는데 환경이 변하니 구조도의 모양도 조금씩 달라집니다. 어떤 것을 기준으로 봐야 할까요?

A: 구조도의 모양이 조금씩 달라져도 괜찮습니다. 왜냐하면 모양이 조금 변하더라도 큰 그림에서 '싸다', '비싸다'를 판단하는 데는 전혀 영향을 주지 않기 때문입니다. 따라서 어떤 것을 기준으로 하셔도 상관없습니다.

Q: 저점들을 이어 하단 선을 그리려고 하는데 저점의 기준을 잘 모르겠습니다. 봉의 선으로 된 꼬리를 기준으로 해야 하나요? 아니면 선을 무시하고 봉의 하단부를 기준으로 해야 하나요?

A: 봉의 하단부를 기준으로 하면 됩니다.

▶ 1번) 잘된 사례의 예시

구조도 그리기 잘된 사례

▶ 2번) 잘못된 사례의 예시

구조도 그리기 잘못된 사례

Q: 구조도를 그려 놓았는데 최상단이나 최하단을 뚫고 나가는 경우가 생깁니다. 이럴 때는 어떻게 봐야 하나요?

A: 구조도의 최상단을 뚫고 나가는 경우, 추세가 바뀌는 것으로 생각해 볼 수 있습니다.

지수나 대형주들은 추세가 한번 정해지면 장기간 정해진 추세 내에서 움직이는 경향이 있습니다. 그러나 기업들의 가치가 크게 높아져 재평가를 받게 되면 새로운 추세가 형성되기도 합니다.

하단의 그림들은 2005년도의 코스피 지수 월봉 차트입니다. 보시는 바와 같이 코스피 지수의 추세가 변했음을 확인할 수 있습니다.

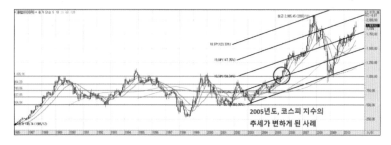

코스피 지수 장기 추세가 바뀐 예시 1-1

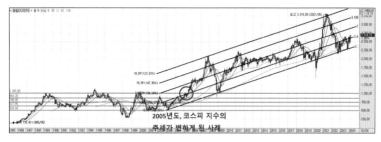

코스피 지수 장기 추세가 바뀐 예시 1-2

이때는 새롭게 만들어진 추세가 어떤 움직임을 보이는지 시간을 두고 확인하며 대응할 필요가 있습니다.

사야 할 때 : 팔아야 할 때

12 … 알고 나면 쉬운 비밀, 사야 할 때 팔아야 할 때

"주식 시장에서는 모두가 흥분해서 달려드는 주식에 프리미엄을 붙인다.
일종의 오락세라고 할 수 있다. 반면 아무도 쳐다보지 않는 따분한 주식은
할인해 준다. 이렇게 할인된 가격으로 거래되는 주식을 많이 사두라."

랄프웬저

주식투자는 농사짓는 것과 유사한 면이 있다. 농부는 봄에 씨를 뿌리고
가을에 수확한다. 투자자도 농부와 같이 행동해야 한다. 시장이 좋은 기회
를 줄 때 투자할 수 있어야 하고, 큰 결실을 줄 때 수익 실현을 할 수 있어
야 한다. 이처럼 주식 투자도 농부처럼 시기를 고려하며 접근해야 한다.

그렇다면 이런 적절한 시기는 어떻게 알 수 있는 걸까? 이 글을 읽고 있
는 독자분들은 이미 정답을 알고 있다. '다음 단계 진행을 위한 테스트'에
서 정답을 맞힌 분들만 여기까지 왔기 때문이다. 지겹겠지만, 시작 부분
에서 진행했던 테스트를 한 번만 더 기억해 보도록 하겠다.

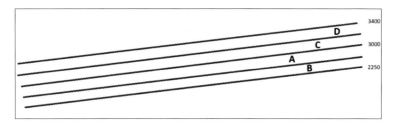

▶ 철수는 싸게 사고 비싸게 파는 연습을 하고 있다. 사야 할 기회, 팔아야 할 기회가 딱 1번씩만 주어졌다고 할 때 알맞은 정답을 위의 A, B, C, D 중에 고르시오.

1) 사야 할 때: B

2) 팔아야 할 때: D

이를 코스피 지수라는 실전 투자에 대입해 보면, 다음과 같은 시기를 적절한 때로 생각해 볼 수 있다.

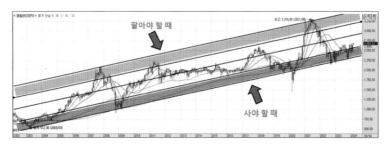

구조도를 통해 보는 사야 할 때, 팔아야 할 때

그리고 위의 테스트에는 내가 이 책에서 말하고자 하는 핵심 내용이 두 가지나 포함되어 있다.

첫 번째는, 주식은 아무 때나 자주 사고파는 것이 아니다.

테스트에서 '사야 할 기회, 팔아야 할 기회가 딱 1번씩만 주어졌다고 할 때 '는 그런 의미를 담고 있다. 올바른 투자를 위해서는 주식을 아무 때나 자주 사고팔아서는 안 된다. 장기적인 안목이 필요하다. 사야 할 때를 기다려서 매수하고, 투자한 대상이 성장해 열매를 맺을 때까지 기다려서 매도해야 한다. 적절한 때가 아닌 곳에서 자주 사고팔면, 처음에는 돈을 벌기도 하지만 시간이 지나며 원금을 모두 잃고 후회하는 경우를 보게 된다.

"빨리 부자가 돼야 하는데 언제 올지도 모르는 때를 마냥 기다릴 수만은 없지 않나"라고 생각할 수도 있다. 하지만 주식시장에 오래 있다 보면 결국 적절한 때를 기다리며 천천히 투자하는 것이 가장 빨리 부자가 되는 길임을 깨닫게 된다.

두 번째는, 싸게 사고 비싸게 팔아야 한다.

기준이 없다면 싸게 사고 비싸게 파는 것이 쉽지 않다. 그러나 이 책을 읽은 독자분들은 구조도를 배웠다. 구조도를 이용하면 아래 그림과 같이 '싸다'와 '비싸다'를 판단할 수 있게 된다.

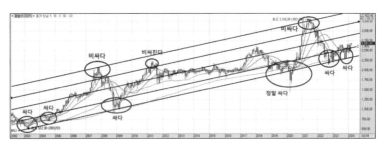

구조도를 이용한 코스피 지수의 가치 판단

철학이 있는 투자는 실패하지 않는다

구조도를 그릴 줄 알면, 전문가들이 말하는 어려운 경제 용어와 개념을 몰라도 자신만의 기준을 가지고 투자를 할 수 있게 된다. 구조도를 그려 보는 것만으로도 시장의 흐름을 이해하고 가격의 상단과 하단을 예상할 수 있기 때문이다.

우리가 할 일은 싸다고 생각하는 시기가 오면 전략적으로 분할 매수를 하고, 비싸다고 생각하는 시기가 오면 욕심을 버리고 분할 매도하는 것이다. 이러한 접근은 리스크를 줄이면서 수익을 극대화하는데 도움이 된다. 이렇게 적절한 때를 기다리며 꾸준히 투자한다면, 시간이 지남에 따라 자산은 복리의 마법으로 크게 불어날 것이다.

13 ··· 쉬운데 하지 못하는 이유

"돈을 빨리 벌고자 하는 유혹이 너무 커서 많은 투자자들이
대중에 역하는 것을 어려워한다."
세스클라만

앞장에서 우리는 코스피 지수에 구조도를 추가하면 '싸다'와 '비싸다'
를 판단할 수 있다는 것을 알게 되었다. 이제 우리는 가격이 싸지는 시기
가 오면 분할해서 사고, 비싸지는 시기가 오면 분할해서 파는 단순한 행
동만 반복해도 부자가 될 수 있는 것이다. 그런데 실제로 투자하다 보면
대부분의 사람이 이렇게 투자하지 못한다. 이번 장에서는 그 이유에 대해
이야기해 보겠다.

첫 번째 이유는, 기다리지 못하기 때문이다.
SNS의 발달로 주식투자와 관련된 정보들이 넘쳐나고 있다. 누군가는
지금이 어느 때보다도 투자하기 좋은 시대라고 말한다. 누구나 배우고자
하는 의지만 있으면 전문가들의 의견을 들을 수 있고, 산업과 종목에 대
한 정보도 쉽게 접할 수 있기 때문이다. 그런데 개인투자자들의 계좌 상

황을 보면 좋지 않은 경우가 많다. 왜 그럴까?

SNS에 올라오는 대부분의 정보는 단기 투자를 권유한다. 넘쳐나는 정보와 수많은 기능이 탑재된 거래 시스템을 이용하여 매매를 빨리 끝내도록 권장한다. 장기적인 안목을 가지고 여유 있게 투자하라는 사람은 손에 꼽을 정도이다.

빨리빨리 환경에 적응된 투자자들은 쉬지 않고 계속해서 매매한다. 남들도 다 그렇게 하고 있으니 깊이 생각할 필요가 없다고 느끼기 때문이다. 오히려 천천히 때를 기다리며 투자하는 사람들을 답답하게 생각한다.

이렇게 매일 같이 진행되는 거래 속에서 예고도 없이 순식간에 하락장이 찾아온다. 갑작스럽게 진행된 하락으로 미처 대응하지 못하고 손실이 커지다가 결국 손절매하게 된다. 원금 회복을 위해 더 자주 거래해 보지만, 반복되는 거래는 손실만 키운다. 손실 금액이 점점 불어나자 겁이 나서 손절도 못하는 상황이 된다. 그렇게 흔히들 말하는 비자발적 장기투자자가 된다.

시간이 지나 모든 주식이 정말 저렴해지는 순간이 찾아온다. 그러나 비자발적 장기투자를 하다 보니 현금이 없다. 사고 싶어도 살 수 없는 상황이 된다. 좋은 기회를 눈앞에서 보고도 놓치게 된다.

이건 대부분의 개인투자자가 겪고 있는 문제이다. 기다릴 수 없다면 결코 투자로 부자가 될 수 없다. 빨리 부자가 되는 길은 역설적으로 느리게 가는 것이다. 오지 않을 것 같던 기회는 반드시 또 찾아온다. 기다릴 줄 아는 투자자가 되어야만 한다.

두 번째 이유는, 쌀 때는 두려워서 못 사고 비쌀 때는 탐욕 때문에 못

팔기 때문이다.

아래 그림은 2020년 3월 코로나로 인해 증시가 폭락할 때 발행된 뉴스 기사들의 제목이다.

[유럽개장]주요 증시 급락...영국 4.8% ↓

美 33년만에 10% 폭락...코스피 1700대 진입하나

[유럽증시] 모두 10% 넘게 대폭락... 유럽인 미국 입국 금지 타격

[마켓뷰] 한번도 경험 못했던 동반 서킷브레이커... 한때 1700-500 깨져

[마감시황]코스피, 사상초유 동시 서킷...코스닥 7% 폭락(종합)

[Asia마감]10%폭락 日증시, 8조 투입뒤 6%하락으로

[코스닥 마감]트럼프 말발도 안 먹혔다...7개월만에 570선 붕괴

[마켓뷰] 1800 코앞까지 간 코스피...9년만에 사이드카 발동

[유럽개장]WHO 팬더믹 선언·美 유럽발 여행금지 조치 '쇼크'...5%대 급락

[뉴욕마감] '팬데믹 선언'에 5% 급락...11년만에 약세장 진입

[마감시황]코스피, 4년 최저 1900선 턱걸이...코스닥 600선 깨져

[유럽증시] 코로나19 공포·유가전쟁 겹악재... 일제히 하락

[원자재시황] 국제유가, 걸프전 이후 최대 낙폭...WTI 24.6% 급락

[유럽개장]주요 증시 급락 시작...英 8.6%↓·獨7.4%↓

[마감시황]코스피 4% 급락 1950대로...외국인 순매도 '사상 최대'

2020년 3월에 발행된 뉴스 기사들

모든 언론에서 주식시장이 마치 망할 것처럼 공포스러운 기사를 쏟아냈다. 기사의 제목처럼, 코스피 지수는 그림과 같이 대폭락하며 투자자들에게 큰 두려움을 주었다.

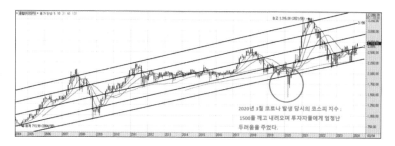

2020년 3월, 폭락한 코스피 지수의 모습

구조도 상에서 코스피 지수는 상당히 싼 가격대에 도달했음을 확인할 수 있다. 그러나 이런 상황에서 사람들은 쉽게 주식을 사지 못한다. 공포스러운 뉴스와 연일 폭락하는 주가를 보며 두려움에 사로잡혀 생각이 마비되기 때문이다.

이번에는 반대의 경우를 살펴보도록 하자.

다음 그림은 2021년 6월 코스피 지수가 3200을 돌파하고 최고점을 갱신할 때 발행된 뉴스 기사들의 제목이다.

[마감 시황] 코스피, 개인 '사자'에 이틀연속 최고치 🖉 Ⓝ

[포토] 코스피 하루 만에 또 최고치 경신 🖉 Ⓝ

코스피, '이틀 연속' 사상 최고...카카오, 시총 3위 🖉 Ⓝ

[이슈플러스]"코스피 3,700 간다"...삼전·카카오 등 전망은 🖉 Ⓝ

코스피 53조 순매수한 동학개미...수익률은 마이너스? 🖉 Ⓝ

영끌 빚투 24조 '역대 최대' 🖉 Ⓝ

코스피, 상승 출발... 개인 홀로 순매수 🖉 Ⓝ

美 나스닥 '또 최고치'...30일, 삼성전자 · SK하이닉스도 '강세 출발'
🖉 Ⓝ

"올해 30% 오른 통신주, 더 오른다"...대선 영향은 '미미' 🖉 Ⓝ

4조 '인버스 개미' 랠리에 좌불안석 Ⓝ

코스피 3,300 돌파...'빚투' 역대 최고치 🖉 Ⓝ

2021년 6월에 발행된 뉴스 기사들

주가가 계속해서 신고가를 갱신하자, 사람들은 대출을 받아 주식을 사기 시작했다. 연일 오르는 자산 시장으로 인해 지금이라도 올라타지 않으면 벼락 거지가 된다는 말까지 돌 정도였다. 투자자들의 탐욕과 함께 코스피 지수는 끝도 없이 오를 것처럼 보였다.

그러나 결국 시장은 2021년 6월을 기점으로 1년 넘게 하락했다. 대부분의 종목이 50% 이상 하락했다. 고점에서 빚으로 주식을 산 사람들은 그렇게 또 시장에서 퇴출당했다.

철학이 있는 투자는 실패하지 않는다

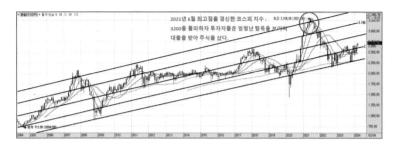

2021년 6월, 신고가를 갱신 중신 코스피 지수의 모습

2021년 6월의 상황을 구조도 상에서 보면 코스피 지수는 상당히 비싼 가격대에 도달하였음을 알 수 있다. 이런 상황에서도 사람들은 쉽게 주식을 팔지 못한다. 연일 쏟아지는 핑크빛 전망과 사람들의 환호 속에서 판단력이 흐려지기 때문이다. 모두가 탐욕에 눈이 멀어 "조금만 더"를 외치다가, 결국 시장의 폭락과 함께 무너진다.

많은 사람이 투자로 부자가 되기 위해 어려운 전문용어와 개념들을 공부한다. 그러나 가끔은 이게 답이 아닐 수도 있다는 생각이 든다. 어쩌면 투자로 부자가 되기 위해 필요한 것은 더 많이 알고 더 많이 채우는 것이 아니라, 최대한 비우고 단순해지는 것일지도 모른다.

14 ··· 생각이 많은 투자자를 위한 추가 설명

앞에서 주식 시장의 봄을 알리는 시기를 구조도를 통해 알 수 있다고 배웠다. 경력이 오래 되고 생각이 많은 투자자들은 "주식시장에 절대적인 법칙이 있다는 게 말이 돼?"와 같은 질문을 할 수 있다. 사실, 이런 질문은 상당히 합리적이다.

이런 의문을 갖는 투자자를 위해 조금 더 설명을 이어가도록 하겠다. 다음의 그림을 다시 보도록 하겠다. 빨간색 원과 파란색 원이 의미하는 것은 무엇일까?

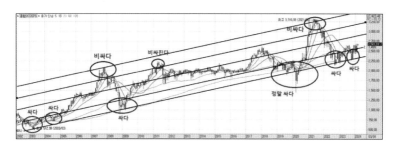

구조도를 이용한 코스피 지수의 가치 판단

단순히 추세의 상단과 하단만을 의미하는 것일까? 아니다. 내가 말하고 싶은 핵심은 사람들의 실수이다. 저 위치에서 투자자들은 실수를 하게 되어 있다. 하단에서는 공포로 인해 실수를 하고 상단에서는 탐욕으로 인해 실수를 하게 된다.

투자자는 왜 사람들의 실수에 주목해야 할까? 왜냐하면 평상시의 주식시장은 매우 똑똑하기 때문이다. 주식 시장은 구성원 한 명 한 명의 거래로 이루어진다. 조금 더 들어가서 구성원 한 명 한 명을 살펴보도록 하자. 구성원 중에는 20년 경력의 베테랑 투자자도 있고, 아이큐 150 이상의 천재도 있다. 똑똑한 구성원들이 모여 거래를 하고 있기 때문에 시장은 굉장히 합리적이다. 다시 말하면, 좋은 주식을 저렴한 가격에 사는 것은 매우 어렵다. 특출나게 뛰어난 능력자가 아니면 종목을 사서 100%이상의 수익을 내는 것은 천운에 가깝다. 평상시의 주식시장이라면 말이다.

하지만 말도 안되는 기회가 생길 때가 있다. 이때는 대부분의 투자자들이 실수를 한다. 극단의 공포와 탐욕은 20년 경력의 베테랑 투자자도, 아이큐 150 이상의 천재도 모두 멍텅구리로 만든다. 모두를 멍텅구리로 만드는 지점이 바로 구조도에 표시한 빨간색 원과 파란색 원이 위치한 지점이다. 초보투자자가 투자의 고수를 수익률로 이길 수 있는 지점인 것이다. 오랜 기간 실력을 쌓아야 감각적으로 알 수 있는 부분이다. 그런데 이것을 초보투자자도 알 수 있도록 시각적으로 나타낸 도구가 바로 구조도라고 할 수 있다.

그렇지만 구조도가 절대적인 법칙이 될 수는 없다. 구조도의 상단과 하단은 10년이 넘는 기간 동안 닿지 않을 수도 있다. 구조도가 상단과 하단에 닿지 않는 기간은 이렇게 표현할 수 있다. "시장이 매우 합리적이다." 이때는 높은 수익률을 포기해야 한다. 똑똑한 사람들이 실수 없이 거래를 하고 있기 때문이다. 이럴 때는 기대 수익률을 낮추고 현금비율을 올릴 필요도 있다.

시장 경험이 적은 투자자에게는 지금 하는 말이 와닿지 않을 수도 있다. 하지만 대다수의 투자자보다 높은 수익률을 올리기 위해서는 반드시 알아야 하는 내용이다. 반복해서 읽어 보고 익숙해지길 바란다.

이 장의 내용을 간략하게 요약하고 다음장으로 넘어가도록 하겠다.

▶ 주식투자로 큰 부자가 되고 싶다면 사람들의 실수를 이용해야 한다.

▶ 공포와 탐욕은 사람들을 실수하게 만든다.

▶ 사람들의 실수는 높은 수익률을 올릴 수 있는 흔치 않은 기회이다.

▶ 초보투자자도 이 기회를 알 수 있게 도와주는 도구가 구조도이다.

잘 사는 방법

15 ··· 싸게 잘 사는 방법 개요

주변의 지인들을 관찰하다 보면 재미있는 모습을 보게 된다. 시장에 가면, 만 원도 안 되는 채소를 사기 위해 여러 매장을 돌아다닌다. 단돈 100원이라도 싸게 사려고 가격을 비교하는 것이다. 결국, 다른 매장에서 몇백 원 더 싸게 파는 것을 알게 된다. 그러면 기꺼이 다시 돌아가서 그곳에서 채소를 산다. 그리고 몇 백 원을 절약했다는 기쁨을 느낀다.

그런데 이 사람들이 주식시장에 오면 완전히 달라진다. 주식시장에서는 만 원보다 1,000배나 큰 수천만 원 단위의 거래를 하면서도 다른 주식들과 비교하지 않고 비싼 가격에도 흔쾌히 주식을 사들이는 것이다.

주식시장도 결국 기업이라는 물건을 사고파는 시장이다. 따라서 동네시장에서 물건을 살 때처럼 주식시장에서도 좋은 기업을 싸게 잘 사야 한다. 차이점이 있다면, 큰돈을 들여서 기업을 사기 때문에 조금 더 전략적으로 접근할 필요가 있다는 점이다.

이번 장에서는 전략적으로 싸게 잘 살 수 있는 방법에 대해 알아보도록 하겠다. 자신의 투자 방법과 접목해 보면서 최적의 투자 방법을 찾길 바란다.

16 ··· 때가 되었을 때 큰돈을 써라

"최고로 비관적일 때가 가장 좋은 매수 시점이고,
최고로 낙관적일 때가 가장 좋은 매도 시점이다."
존 템플턴

　투자자가 주식 투자로 큰 돈을 벌기 위해서는 적절한 시기가 왔을 때 과감하게 투자해야 한다. 아무 때나 매일 같이 투자해서는 결코 큰 자산을 모을 수 없다. 이 적절한 시기에 관해서는 앞서 살펴본 바 있다. 농부가 봄철이 오면 씨를 뿌리고 한 해 농사를 준비하듯이, 투자자는 주가가 구조도의 하단에 도달했을 때 다가올 싸이클을 생각하며 투자를 준비해야 한다.

　다음 그림을 통해 한번 더 확인해 보자. 빨간색 원으로 표시한 부분은 주가가 구조도의 하단에 도달한 시점이다. 이러한 시기는 주식시장의 봄철과 가깝다고 생각해 볼 수 있다.

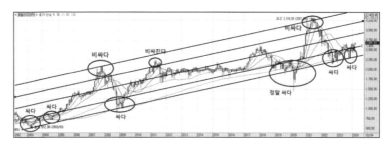

구조도를 추가한 코스피 지수

이때 주식시장의 분위기는 차갑고 어두울 수 있다. 언론은 연일 불안을 조성하는 뉴스로 주식시장을 흔들어 놓을지도 모른다. 그러나 현명한 투자자는 주가가 구조도의 하단에 도달했음을 보고 봄이 오고 있음을 짐작할 수 있다.

비록 날씨가 아직 쌀쌀하더라도 농부가 3월의 달력을 보며 씨를 뿌릴 때가 오고 있음을 예상하듯, 투자자는 차가운 주식 시장의 분위기 속에서도 구조도의 하단에 온 주가를 보며 투자의 시기가 오고 있음을 예측할 수 있는 것이다.

그러나 3월이 되었다고 해서 농부가 무조건 씨를 뿌리는 것은 아니다. 농부는 온도와 기후 조건 등을 신중하게 고려한 후, 적절한 시기라는 확신이 들 때 비로소 씨를 뿌린다. 농부가 온도와 기후를 고려하듯이 투자자는 종목들의 가격을 고려해야 한다. 다양한 산업에 속한 종목들이 가격적으로 바닥권에 진입했는지 확인하는 것이다.

이 시점이 되면 지난 싸이클의 주인공이었던 종목들뿐만 아니라 소외되었던 종목들도 대부분 가격적으로 바닥권에 도달하게 된다. 이러한 주식시장의 모습을 보며 이제 투자를 해도 되겠다는 강한 확신을 할 수 있게 된다.

초보 투자자는 '전종목의 가격을 다 봐야 하나?'라는 걱정을 할 수 있다. 다행히도, 지수가 저점에 도달하면 대부분의 종목도 가격이 저점에 도달한다. 예외적인 경우만 주의하면 된다. 이 예외적인 경우에 대해서는 아래에서 추가로 설명하겠다. 지수가 저점에 도달할 때 대부분의 종목도 저점에 도달하는지 정확성을 높이기 위해 직접 확인해 보자.

하단에 제시된 그림들의 차트는 코스피 지수와 업종별로 시가총액[1]이 큰 회사들의 비교 차트이다.

▶코스피 vs 삼성전자

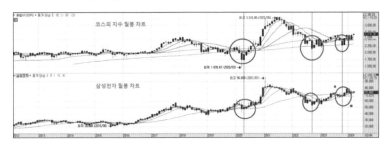

코스피 지수와 삼성전자 비교 차트

---

1 시가총액 : 증권 거래소에서 상장된 증권 모두를 그날의 종가로 평가한 금액. 시가총액이 크다는 것은 곧 규모가 큰 회사라는 것을 뜻한다.

▶코스피 vs POSCO홀딩스

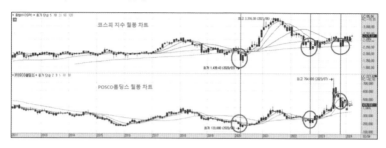

코스피 지수와 POSCO홀딩스 비교 차트

▶코스피 vs 현대차

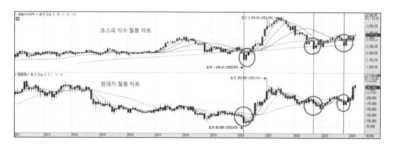

코스피 지수와 현대차 비교 차트

▶코스피 vs 카카오

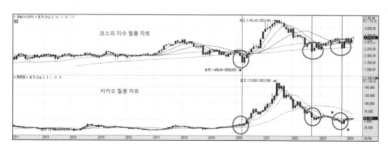

코스피 지수와 카카오 비교 차트

위의 그림에서 보는 것처럼 코스피 지수가 저점에 위치할 때는 대부분의 종목도 저점에 위치하게 된다. 예외적인 경우도 있다. 지수가 크게 하락하고 있음에도 특정 업종이 나홀로 크게 상승하는 경우도 종종 있다. 이럴 때는 섣불리 투자하지 말자. 조금 더 신중하게 지켜볼 필요가 있다. 이러한 예외적인 경우가 아니라면, 구조도 하단에 위치한 지수를 보며 투자하기 좋은 때가 오고 있다고 판단해도 좋을 것이다.

투자를 통해 부자가 되려면, 당연하게도 쌀 때 살 수 있어야 한다. 싸다는 것의 기준은 내가 가지고 있는 종목만 보고 판단해서는 안 된다. 모든 자산이 다 같이 싸졌을 때 비로소 투자자는 싸다는 생각을 해야 한다. 여기서 모든 자산이란 주식, 원자재, 코인, 부동산 등의 자산을 포함한다. 갑자기 범위가 확장되었다고 어렵게 생각하지 말자. 다행인 점은 지수가 구조도 하단에 위치하고 있다면 이러한 자산들도 가격적으로 바닥권에 근접하게 되는 경우가 많다. 그리고 이때가 바로 주식시장의 진정한 봄이라고 할 수 있다.

다행히도 우리는 봄이 왔음을 알려주는 훌륭한 도구를 가지고 있다. 아직은 겨울이라며 모두가 두려움에 떨고 있을 때, 구조도라는 도구를 가진 투자자들은 봄이 왔음을 알기 때문에 용기를 내서 저렴해진 자산들을 모아갈 수 있게 된다.

17 ··· 기간을 길게 잡고 천천히 사라

"충분한 현금을 보유하라."

워렌 버핏

투자 시기를 고려할 때, 비록 투자의 적기가 도래했다 하더라도 모든 투자금을 한 번에 다 투자하는 것은 바람직하지 않다. 지수가 구조도 하단 영역에 도달했더라도 상승 준비를 위해서는 상당한 시간이 필요하기 때문이다.

다음의 그림은 코스피 지수의 월봉 차트이다. 주황색 동그라미로 표시된 A 영역은 2022년 6월부터 2023년 5월까지 11개월간의 코스피 지수의 변동을 보여준다.

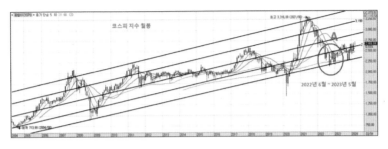

코스피 지수 월봉 차트

A 지점은 구조도상 하단 영역에 위치하며, 가격 측면에서도 저렴하다고 생각해 볼 수 있다. 하지만, 그 지점에서 바닥을 다지는 데만 무려 11개월 이상이 소요되었다. 이 구간을 일봉 차트로 보면, 아래 그림에서 보이는 것처럼 상당히 긴 시간이 걸렸음을 체감할 수 있다.

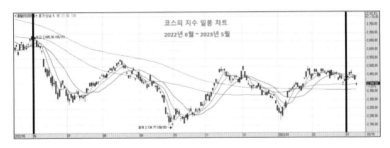

코스피 지수 일봉 차트

투자를 할 때, 투자금을 모두 소진한 상태에서 기간이 길어지면 실수할 확률이 높아진다. 왜냐하면 싸게 잘 샀더라도 긴 시간 동안의 가격 변동을 보면서 심리가 흔들릴 수 있기 때문이다.

싸게 매수했다면 몇 %가 빠지더라도 시간이 지나면 큰 수익으로 이어질 가능성이 높다. 하지만 현금이 없으면 심리적으로 흔들려 싸게 샀음에도 불구하고 물량을 빼앗기는 경우가 많다. 따라서 적절한 시기에 저렴해진 자산을 매수하더라도 6개월에서 12개월 정도의 기간을 두고 천천히 투자금을 소진하는 것이 전략적으로 유리하다.

18 ··· 예상하락폭을 크게 잡고 사라

"시장은 항상 불확실하다. 따라서 투자할 때는
불확실성을 받아들여야 한다."
앙드레 코스톨라니

가격이 싸다는 생각이 들어도, 매수할 때는 현재 가격보다 하락할 가능성을 염두에 두고 분할매수를 진행해야 한다. 흔히들 하는 표현을 빌리자면, 1층 밑에 지하실이 있고, 그 밑에 지하 2층, 3층이 기다릴 수 있기 때문이다.

이에 대한 설명은 코스피 지수 월봉 차트를 통해 확인해 보도록 하겠다.

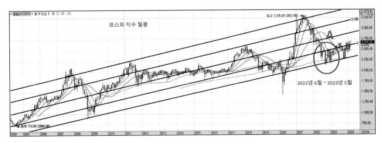

코스피 지수 월봉 차트

코스피 지수가 주황색 동그라미의 A 영역으로 들어왔다고 가정해 보자. 이 영역은 구조도의 하단에 있어서 가격적으로 저렴한 구간이라는 생각이 든다. 이런 시기라면 대부분의 종목도 매수하기 좋은 가격대에 도달해 있을 것이다.

이제 슬슬 매수해도 되겠다는 생각에 현금을 소진하기 시작한다. 여기서 더 하락할 수도 있겠다는 생각이 들지만 '하락해봐야 얼마나 더 하락하겠어'라는 생각으로 현금을 모두 소진했다고 가정해 보자. 이 경우 투자자는 시기적으로는 잘 샀지만, 상당히 고생할 가능성이 있다.

이 상황을 코스피 지수 일봉 차트로 확인해 보도록 하겠다. 이 차트는 2022년 6월에서 2023년 5월까지의 기간을 보여준다.

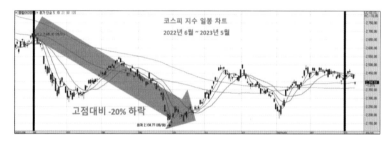

코스피 지수 일봉 차트

보기에도 변동성이 상당히 크다는 것을 알 수 있다. 코스피 지수의 저점은 고점 대비 무려 -20%나 하락했다. 개별 종목으로 보면 하락 폭은 더욱 커지게 된다. 같은 기간 동안 네이버의 주가는 -45% 하락했고, 카카오의 주가는 -40%나 하락했다.

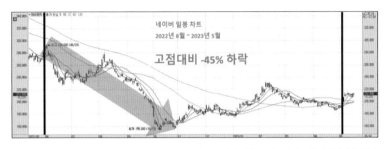

NAVER의 2022년 6월 ~ 2023년 5월까지 일봉 차트

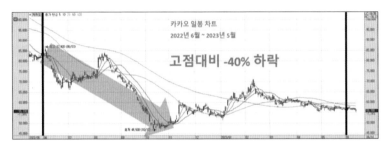

카카오의 2022년 6월 ~ 2023년 5월까지 일봉 차트

주가는 투자자의 예상을 깨고 저렴한 영역에서 더 저렴한 영역까지 쉽게 하락하곤 한다. 따라서 저렴한 구간에서 매수하더라도 예상 하락 폭을 크게 잡고 분할 매수를 진행하는 것이 전략적으로 유리하다.

내가 아는 한 투자의 고수는 소수의 종목에 집중 투자할 때, 저렴한 가격에 매수를 시작하더라도 예상 하락 폭을 50% 정도는 고려하고 분할 매수를 진행한다. 현금을 다 쓰지 못하더라도 안전한 것이 낫다고 보기 때문이다.

Q 양봉에 사야 할까 음봉에 사야 할까

주식투자를 오래 하다 보면 매수를 할 때 양봉에 사야 하는지, 음봉에 사야 하는지에 대한 궁금증이 생긴다. 누군가는 양봉에 주식을 사는 것이 진리라고 말한다. 그런데 막상 양봉에 주식을 사면 높은 가격에 사서 물리게 되는 경우가 발생한다. 그렇다고 음봉에 주식을 사자니 다들 음봉에서는 주식을 사는 게 아니라고 말한다. 과연 언제 사는 게 맞는 걸까? 정해진 답은 없겠지만, 투자 방식에 따라 더 유리한 방법은 있다고 생각한다.

▶ 단기 투자를 할 때는 양봉에 사는 것이 유리하다.

단기투자는 돈이 밀려 들어올 때 상승하는 흐름에 편승해서 빠르게 수익을 보고 나오는 전략이다. 따라서 어떤 종목에 큰돈이 들어오는지를 파악하고 그 종목들 위주로 매매해야 수익으로 이어질 확률이 높아진다. 이때 큰돈이 들어오는 신호가 바로 장대 양봉이다. 따라서 스켈핑이나 스윙과 같은 단기 투자를 하는 분들은 양봉에 매수를 하는 것이 유리하다.

▶ 반면에 장기 투자를 할 때는 음봉에 사는 것이 유리하다.

장기투자는 자신만의 방법으로 종목의 적정 가치를 계산하고, 적정가보다 저렴한 가격에 왔을 때 매수하는 전략이다. 당연히 분할 매수하며 평균 매수 단가를 낮추는 게 유리하다. 주가가 내리면 분할 매수를 통해 평균 매수 단가를 낮출 수 있으므로 오히려 기회가 된다. 그러므로 길게 보고 최대한 싸게 사려면 긴 음봉이 나올 때 매수하는 전략이 유리하다.

물론 투자자마다 느끼는 바가 다를 수 있다. 나는 실전투자에서 위와 같은 방법을 사용할 때 꾸준한 수익을 얻을 수 있었다. 그러나 어떤 투자의 고수는 유튜브 방송에서 비슷한 관점이지만 다른 방법을 소개했다. 그 고수는 주가가 하락하다가 첫 번째 양봉이 나타날 때 매수하는 전략을 사용한다고 했다. 듣고 보니 그 방법도 좋을 것 같다는 생각이 들었다. 나는 실전투자에서 바로 적용해 보았다. 그런데 이 방법을 사용하자 속임수 양봉에 계속해서 피해를 보는 상황이 발생했다. 투자의 고수는 이렇게 투자하는 것이 정석이라고 말했지만, 나에게는 잘 맞지 않았다.

아무리 좋은 투자 비법도 모든 사람에게 훌륭한 비법이 되지는 않는다. 투자자마다 성향이 모두 다르기 때문에 같은 방법을 사용해도 수익률은 모두 다르게 나오기 때문이다. 따라서 투자의 고수가 알려준 방법이라도 무작정 따라하는 것은 좋지 않다. 실전 투자에서 반복적으로 적용해 보고, 자신에게 적합한 방법을 찾아야만 한다. 자신에게 맞는 옷은 편안한 느낌을 준다. 투자도 마찬가지다. 자신에게 맞는 방법은 심리적으로 편안한 느낌을 준다. 그런 방법으로 투자를 할 때 꾸준한 수익이라는 결과물이 탄생한다.

잘 파는 방법

19 ⋯ 단기투자, 장기투자 뭐가 맞을까?

"시장은 항상 불확실하다. 따라서 투자할 때는
불확실성을 받아들여야 한다."
앙드레 코스톨라니

많은 분들이 단기투자와 장기투자 중에 어떤 방법이 더 좋은지에 대해 궁금해한다. 물론, 어떤 방식이 더 좋은지에 대한 답은 개개인마다 다를 수 있다. 나는 장기투자와 단기투자를 모두 경험해 보았다. 대부분의 투자자들이 각각의 투자 방법을 모두 경험해 보았을 것이다.

어떤 사람들은 계획적으로 계좌를 나누어 단기투자와 장기투자를 병행하기도 한다. 또 다른 사람들은 단기 투자로 시작했지만 주가가 하락하면서 비자발적으로 장기투자를 경험하기도 한다. 10년이 넘는 기간 투자를 해오면서 나도 많은 투자자들이 겪었던 대부분의 경험을 해 보았다. 이와 관련된 나의 결론을 공유하고자 한다.

예시를 통해 설명해 보겠다. 사용할 예시는 코스피 지수의 일봉 차트와 년봉 차트이다. 이를 바탕으로 단기 투자와 장기 투자의 특징에 대해 살펴보도록 하겠다.

(※ 쉽게 설명하기 위해 단순화시키고. 세부적인 요소들은 고려하지 않았음을 참고)

1. 단기투자

하단에 보이는 그림은 코스피 지수의 일봉 차트이다. 단기 투자로 높은 수익률을 올리기 위해서는 A지점에서 사고 B지점에서 파는 능력이 필요하다. 단기 투자자는 이를 위해 다양한 기술과 전략을 사용한다. 돌파매매라는 차트 기술을 사용하기도 하고, 수급분석을 통해 예측하기도 한다. 실제로 간혹 특출난 기술을 가진 사람도 있다. 이들은 단기간에 많은 돈을 벌기도 한다.

하지만 초보투자자가 막상 시도해보면 결코 쉽지 않다. 온갖 속임수가 난무하는 주식시장에서 절대적인 기술을 습득하는 것은 매우 어렵다. 게다가 큰 폭으로 변하는 가격 변동 속에서 대부분의 투자자는 B지점에서 사고 C지점에서 파는 거꾸로 된 매매를 하기 일쑤이다. 단기 투자가 단기간에 돈을 벌 수 있는 방법이긴 하지만, 성공하기는 쉽지 않은 것이다.

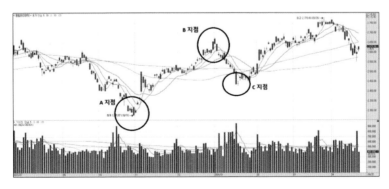

코스피 지수 일봉차트

2. 장기투자

이번에는 장기투자를 살펴보자. 하단에 보이는 그림은 코스피 지수의 년봉 차트이다. 한 초보투자자가 A, B, C지점에서 주식을 샀다고 가정해 보자. 이 투자자가 매수한 세 지점은 모두 다 훌륭한 거래라고 보기는 어렵다. A지점에서는 주식을 산 후 큰 폭으로 하락하였다. B지점에서는 운이 좋게 가장 바닥권에서 주식을 살 수 있었다. C지점에서는 많이 올랐다고 생각했지만 매수 후 가격이 더 올랐다.

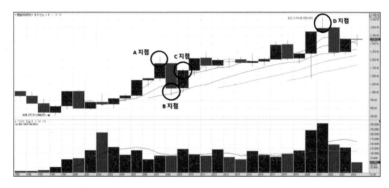

코스피 지수 년봉차트

각 매수 지점이 모두 성공적인 거래는 아니었다. 그러나 10년 후인 D지점에서 A, B, C지점을 돌아보면 상황이 달라진다. D지점에서 보면 A, B, C 어느 지점에서 주식을 샀어도 수익을 내고 있다. 시간은 많이 걸렸지만 모두 성공적인 투자로 끝난 것이다.

이처럼 단기 투자와 장기투자는 각각 장단점을 가지고 있다. 따라서 각자의 성향과 환경을 고려하여 선택할 필요가 있다.

나는 단기투자도 하지만 장기투자를 더 선호하는 편이다. 본업이 있어서 매일 주식 창을 보고 분석할 수 있는 환경이 아니다. 게다가 단기적인 시장 변동성을 보고 있으면 마음이 편치 않다. 환경적으로나 성향적으로 단기투자보다 장기투자가 나에게 더 적합하다. 시간이 지나면 높은 확률로 상승할 것이라는 믿음이 있기 때문에 단기간의 가격 변동에 일희일비하지 않아도 되고, 어떤 악재가 나와도 심리적으로 편하다. 그래서 느긋하게 기다릴 수 있다. 기다림의 시간 동안은 본업과 내 주변 소중한 것들에 집중할 수 있다. 행복하게 투자하면서도 큰 수익을 얻을 수 있는 것이다.

20 ··· 장기투자는 얼마나 오랜 기간을 말하는 걸까?

"가치 있는 것을 사고 오래 기다려라. 그것이 성공의 비결이다."
필립 피셔

이 장에서는 절대적인 답은 아니지만, 이 책을 읽는 독자분들이 자신만의 투자 철학을 만드는 데 도움이 될 만한 이야기를 해보려 한다.

CHAPTER6에서 코스피 지수와 개별 종목들이 비슷한 움직임을 보인다고 언급하였다. 지수가 상승할 때 대부분의 개별종목도 상승하고, 지수가 하락할 때 대부분의 개별 종목도 하락하게 된다.

▶코스피 vs 삼성전자의 예시

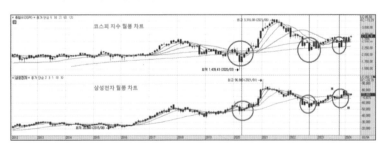

코스피와 삼성전자 비교차트

이런 사실을 바탕으로 문제를 하나 내보도록 하겠다.

▶ 주식투자를 하는 철수에게는 꿈이 있다. 성장하는 중소형주를 바닥에서 매수하여 천정에서 매도하고 나오는 것이다. 철수는 지수와 개별 종목이 비슷한 움직임을 보인다는 배경지식을 갖고 있다. 철수가 그림의 좌측 하단인 A 지점에서 종목을 매수했다고 가정할 때, 철수가 종목을 매도해야 하는 시기는 어디가 좋을까?

이해를 돕기 위한 문제

▶ 정답: ?

이 문제는 당연히 정답이 없는 문제이다. 하지만 앞서 말한 것처럼 이 글을 읽는 독자분들의 투자철학을 만드는 데 도움이 되길 바라는 마음에서 문제를 제시하였다. 이 점을 참고해 주기 바란다.

▶ 정답: 3번

대부분 1번을 정답으로 선택했을 거라 본다. 지수와 종목이 연동되는 경우가 많으므로 지수의 고점인 1번을 생각했을 것이다. 물론 틀린 것은 아니다. 하지만 이 문제의 정답은 3번이다. 지금부터 그 이유를 알아보도록 하겠다.

삶의 모습이 바뀔 정도의 큰 변화 속에서 직접적인 혜택을 받는 기업들은 장기간 큰 상승을 하게 된다. 장기 투자의 목적은 사실 이러한 혜택을 받는 성장주의 시작부터 끝까지 동행하며 큰 수익을 얻기 위함이라고 볼 수 있다.

이해를 돕기 위해 OCI라는 종목을 가지고 예를 들어 보겠다.

(※ 현재는 인적 분할로 인해 OCI홀딩스로 이름이 변경되었다)

OCI는 그림에 보이는 것과 같이 2003년부터 2012년까지 약 10년 동안 무려 6,000% 이상의 주가 상승을 기록했다.

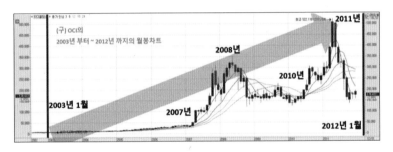

OCI의 2003년 1월부터 2012년 1월까지의 월봉 차트

OCI의 주가는 어떻게 오랜 기간 크게 상승하였을까? 이를 이해하기 위해서 주가가 상승하는 동안 어떤 일들이 있었는지 살펴볼 필요가 있다. OCI의 2003년부터 2012년까지 주가 상승 과정을 단순하게 요약해 보면 다음과 같다.

1. 2000년대 초, 지구 온난화로 인해 신재생 에너지가 대체 에너지로 급부상하게 된다.

2. 이런 기류 속에서 태양광에너지도 폭발적으로 성장하게 된다.

3. OCI는 태양전지의 핵심 원료인 폴리실리콘 사업을 진행 중이었다.

4. 2003년부터 OCI의 주가는 지속적으로 우상향하기 시작한다.

5. 2007년 대규모 공급 계약을 시작으로 본격적인 설비 투자 규모를 늘리며 주가는 1차 대폭발을 하게 된다.

6. 2008년 미국 금융위기와 폴리실리콘 업계 치킨게임의 시작으로 주가는 크게 조정을 받게 된다.

7. 2010년 OCI는 공격적인 공장 추가 증설로 폴리실리콘 업계 생산 능력에서 세계 1위를 차지하며 주가가 2차 대폭발을 하게 된다.

8. 2011년 4월 주가는 정점을 찍고 끝없이 하락하게 된다.

OCI의 사례는 큰 변화 속에서 직접적인 혜택을 받고 성장하는 주식의 전형적인 생애 주기를 보여준다. 약 10년 동안 굴곡을 겪으며 주가가 크게 상승한 것을 볼 수 있다.

따라서 앞의 그림에서 제시한 문제는 OCI의 생애 주기를 고려할 때 3번이라는 답을 얻을 수 있게 된다.

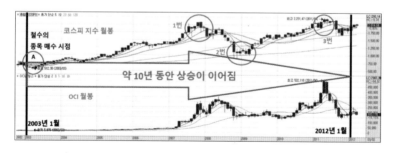

코스피와 OCI 비교차트

문제의 정답을 알게 되면 이제 '장기투자는 얼마나 오랜 기간을 말하나요'에 대한 답을 얻을 수 있게 된다.

"10년을 보유할 생각으로 투자하는 것이 장기투자입니다."

워렌 버핏의 명언 중에 "10년 이상 보유하지 않을 주식이라면 단 10분도 보유하지 말라"는 말이 있다. 어쩌면 워렌 버핏도 비슷한 생각을 했던 것이 아닐까 싶다.

21 ··· 비싸게 잘 파는 방법

"주식시장에서 가장 비싼 것은 인내심이다."

앙드레 코스톨라니

앞장에서 올바른 장기 투자는 그 종목의 생애 주기를 함께하면서 수익률을 극대화하는 것이라고 배웠다. 그러나 현실에서 이를 투자에 적용해 보면 말처럼 쉽지 않다는 것을 느끼게 된다. 왜냐하면 가격 변화에 심리를 지배당하기 때문이다.

다시 OCI의 차트를 살펴보자. 다음의 하단부에 동그라미로 표시된 A 지점의 주가는 OCI의 최고가인 B 지점과 비교해 본다면 무릎에 해당하는 위치라는 것을 알 수 있다.

OCI 월봉 차트

이제 A 지점의 모습을 일봉 차트로 확인해 보도록 하겠다.

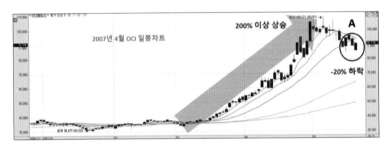

2007년 4월의 OCI 일봉 차트

　　두번째 그림에서 A 지점은 바닥 대비 200% 이상 상승 후 다시 약 20% 하락한 모습이다. 투자자는 200% 이상 상승하며 계좌가 크게 불어나는 것을 경험했다. 그 상황에서 주가가 하락하며 수익금이 줄어드는 것을 보게 되면, 이를 지키기 위해 자연스럽게 매도 버튼을 누르게 된다.

　　이제, 수익금을 지키기 위해 A 지점에서 모두 팔았다고 가정하고 이후의 상황을 일봉 차트로 확인해 보자.

세번째 그림에서 볼 수 있듯이 A 지점은 눈에 잘 보이지도 않는 작은 점이 되었음을 확인할 수 있다. 만약 A 지점에서 팔지 않았다면 수익률은 200%가 아니라 2,000%가 되었을 것이다. 그러나 사람인 이상 A 지점에서 팔지 않고 버티는 게 쉽지 않다. 어떻게 하면 A 지점에서 흔들리지 않고 주식을 보유할 수 있을까?

좋은 전략 중 하나로, 원금만 매도하고 수익금으로만 이루어진 주식은 끝까지 보유하는 방법이 있다.

조금 더 구체적으로 설명하자면,
1) 바닥권에서 저렴한 가격에 종목을 매수한 후, 100% 수익이 나면 원금만 매도한다.
2) 수익금으로 이루어진 주식은 원금과 섞이지 않도록 '수익금 계좌'로 이동시킨다.
3) 수익금 계좌의 종목들은 종목의 생애주기가 끝날 때까지 장기간 보유한다.

이 방법을 사용하면 수익금으로만 이루어진 주식이 다시 제자리로 돌아오더라도, 어차피 수익금이었기에 때문에 마음이 크게 동요되지 않는다. 반대로 OCI와 같이 크게 상승하는 종목을 만나면 수익률은 무한대로 커지게 된다.

과거에 지인에게 이 방법을 알려줬더니, 들을 때는 좋은 방법이라고 했으나 실제로는 사용하지 않는 것을 보았다. 왜 사용하지 않는지 물었더니 다른 계좌로 수익금 주식을 이동시키는 방법이 어려워 사용하지 못한다고 하였다.

혹시나 내 지인과 같은 분들이 있을까 봐 추가로 설명을 드린다.

(내가 사용하는 키움 증권을 예로 들어 설명하겠다. 다른 증권사 어플도 비슷할 것으로 생각된다)

▶ 수익금계좌 추가로 개설하는 방법

1) 네이버 검색창에 '키움증권'을 검색하고 홈페이지로 들어간다.
2) 상단에 '계좌개설'을 누르면 다음과 같은 화면이 나오고, 영업점을 방문하지 않아도 쉽게 비대면 계좌 개설이 가능하다.

키움증권 홈페이지에서 '계좌개설'을 누르면 나오는 화면

▶ 수익금계좌로 주식을 이동시키는 방법

1) 그림과 같이 키움증권 HTS에서 [0805] '계좌간 유가증권 대체' 화면을 실행한다.

2) '1번'을 눌러서 원금 계좌를 선택한다.

3) '2번' 조회를 누른다.

4) '3번' 창에서 이동시킬 종목을 선택한다.

5) '4번' 창에서 이동시킬 '수익금 계좌'를 선택한다.

6) '5번' 신청 버튼을 누르면 주식이 '수익금 계좌'로 이동이 완료된다.

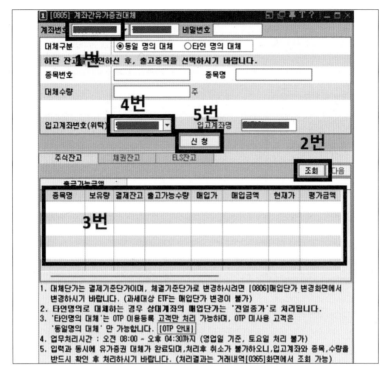

키움증권 HTS [0805] 계좌간 유가증권 대체 화면

여기까지 어렵지 않게 따라 할 수 있을 것이다.

주식투자로 부자가 되려면 장기 투자를 하며 수익률을 극대화할 수 있어야 한다. 이때 원금만 매도하는 전략은 효율적인 장기투자를 하는 데 상당한 도움이 될 것이다. 주식투자를 하면서 원금이 보호된다는 사실은 투자자에게 심리적인 안정감을 준다. 그리고 수익금으로만 이루어진 주식은 어차피 수익이기 때문에 시장의 변동성에도 마음의 동요를 최소화 해준다. 투자자는 이러한 심리적 안정감을 바탕으로 장기 투자를 하며 수익률을 극대화할 수 있게 된다.

철학이 있는 투자는 실패하지 않는다

CHAPTER8

최고의 투자 상품 '지수'

22 … 단순하게 지수에만 투자해도 될까?

> "다른 이들은 더 똑똑하게 행동하려고 애쓰지만,
> 나는 단지 바보가 되지 않으려고 노력할 뿐이다."
> 찰리 멍거

투자의 귀재 워렌 버핏은 아내에게 남긴 유언장에 "내가 갑작스럽게 죽는다면 모든 자산의 90%는 인덱스 펀드에 투자하라"는 말을 남겼다고 전해진다. 인덱스 펀드는 쉽게 말해 시장 지수에 투자하는 상품이다. 일반적으로 지수는 장기적으로 우상향하는 경향이 있다. 따라서 지수에만 장기투자 해도 자연스럽게 투자금이 불어나는 효과를 볼 수 있다. 워렌 버핏은 이런 사실을 누구보다 잘 알고 있었다. 그래서 지수에 투자하는 것을 개인 투자자들에게 가장 좋은 투자 방법이라고 언급하기도 했다.

인덱스 펀드를 지지하는 워렌 버핏의 일화도 있다.

워렌 버핏은 월스트리트의 헤지펀드 매니저 테드 사이즈와 수익률 내기를 하게 된다.

워렌 버핏은 지수를 추종하는 S&P500 인덱스 펀드에 투자하고, 테드 사이즈는 자신이 직접 고른 헤지 펀드 5개에 분산 투자하였다. 그리고 10년 뒤 누적수익률을 비교해서 이긴 사람이 100만 달러의 상금을 자신이 지정한 자선단체에 기부하기로 하였다.

10년 뒤, 워렌 버핏이 투자한 S&P500 인덱스 펀드는 연간 7.1%의 수익률을 기록하였고 테드 사이즈가 투자한 헤지 펀드의 수익률은 연간 2.2%에 그쳤다.

이 승리로 워렌 버핏은 100만 달러의 상금을 자선단체에 기부할 수 있었다.

이 일화에서도 확인할 수 있듯이, 워렌 버핏은 지수에 투자하는 것을 최고의 투자 방법 중 하나라고 여겼다. 그는 특별한 전략을 사용하지 않고 지수에만 장기적으로 투자해도 자산이 꾸준히 불어날 것이라고 확신한 것이다.

이해를 돕기 위해 미국의 S&P500 지수와 우리나라의 코스피 지수를 예로 들어 살펴보자. 하단의 그림은 S&P500 지수와 코스피 지수의 2008년 저점부터 최고점까지의 대략적인 수익률을 보여준다.

▶ S&P500, 2008년 저점에서 최고점까지 대략적인 수익률 : 600%

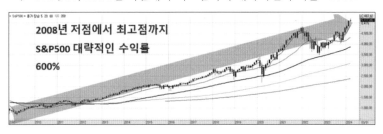

S&P500의 2008년부터 2024년까지 월봉 차트

▶ 코스피, 2008년 저점에서 최고점까지 대략적인 수익률 : 300%

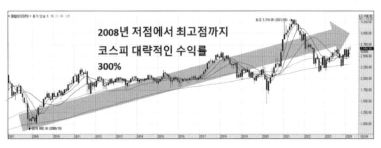

코스피의 2008년부터 2024년까지 월봉 차트

    이를 연평균 수익률로 계산해보면, S&P500은 대략 35%, 코스피는 대략 18%의 수익률을 기록한다. 투자의 귀재로 불리는 워렌 버핏의 연평균 수익률이 20%대라는 것을 고려하면 경이로운 수치가 아닐 수 없다.

    게다가 앞서 배운 대로 구조도를 이용해 싸게 사고 비싸게 파는 전략을 추가했다면 수익률은 더욱 높아졌을 것이다.

구조도를 추가한 코스피 지수 월봉 차트

따라서 지수에만 전략적으로 장기 투자하는 것도 좋은 방법이 될 수 있다. 지수를 통해 시장 전체의 성장을 나의 수익으로 연결할 수 있기 때문이다. 게다가 지수는 개별 주식보다 변동성이 적어 안정적인 장점도 있다. 큰 노력을 들이지 않아도 시간이 지나면 자연스럽게 부를 축적할 수 있는 것이다.

23 ··· 지수의 아바타들

앞장을 통해 지수가 훌륭한 투자상품이라는 것을 확인하였다. 그런데 실제로 지수를 매수하려고 보니 방법이 없다는 것을 알게 된다. 이를 해결할 수 있는 방법 중 하나는 ETF(상장지수펀드)를 이용하는 것이다. 국내의 코스피와 코스닥 지수도 ETF를 통해 거래가 가능하다. 이번 장에서는 ETF를 이용하여 지수를 거래하는 방법에 대해 알아보도록 하겠다.

주식 시장에는 다양한 종류의 ETF가 존재한다. 자산운용사마다 각기 다른 이름으로 ETF를 출시하고 있으며, 시가총액과 운용보수 등이 모두 다르다. 따라서 자신에게 맞는 ETF를 선택하기 위해서는 여러 요소를 확인해 볼 필요가 있다.

ETF도 투자 상품이기 때문에 운용하는 회사의 사정에 따라 상장폐지가 될 수도 있다. 이러한 위험성을 줄이기 위해서는 규모가 크고 이름 있는 회사에서 운용하는 ETF를 선택하는 것이 좋다.

ETF의 규모는 시가총액을 통해 확인할 수 있다. 시가총액이 크다면 운용 자금이 크다는 것을 의미하며, 상장폐지의 위험성도 줄어들게 된다. 이 장에서는 현재 시점에서 시가총액이 큰 삼성자산운용의 'KODEX 200'과 'KODEX 코스닥 150'을 예로 들어 설명하겠다.

(※ 이 내용은 단순 예시일 뿐, 투자를 권유하는 것은 아니니 참고해 주시기 바랍니다)

ETF의 시가총액 및 운용보수 등의 세부정보는 네이버 증권에서 해당 ETF를 검색하면 확인할 수 있다. 아래 그림은 네이버 증권에서 'KODEX 200'을 검색한 화면으로, ETF의 기본적인 정보를 확인할 수 있다.

네이버 증권 'KODEX 200' 검색 화면

본격적으로 ETF에 투자하기 전에, 해당 ETF가 지수와 유사하게 움직이는지 확인할 필요가 있다. 아래는 코스피 지수와 'KODEX 200'을 비교한 차트이다. 이 차트를 보면 'KODEX 200'이 코스피 지수와 상당히 유사하게 움직이고 있음을 확인할 수 있다.

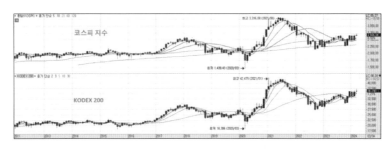

코스피 지수와 KODEX 200 비교차트

아래는 코스닥 지수와 'KODEX 코스닥 150'을 비교한 차트이다. 이 차트를 보면 'KODEX 코스닥 150'이 코스닥 지수와 상당히 유사하게 움직이고 있음을 확인할 수 있다.

코스닥 지수와 KODEX 코스닥 150 비교차트

ETF를 거래하는 방법은 매우 쉽다. 내가 사용하는 키움증권 HTS를 기준으로 설명하면, 다음과 같다.
  1. 종목 검색창을 클릭한다.
  2. ETF 이름을 검색한다.

3. 장이 열린 시간 동안 주문 창에서 거래가 가능하다.

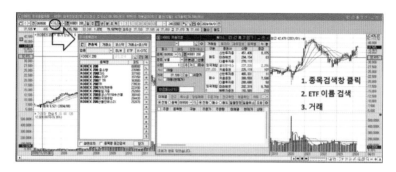

지금까지 ETF를 이용해서 지수를 거래하는 방법에 대해 알아보았다.

워렌 버핏은 미국의 성장성을 믿고 지수에 장기투자 하라고 말했다. 나는 우리나라도 미국 못지않게 성장 잠재력이 크다고 생각한다. 반도체, 2차전지, 방산, 조선 등 제조업 기술력이 뛰어나기 때문이다.

일부 사람들은 남북 분단으로 인해 우리나라 지수가 꾸준히 상승하기는 어렵다고 말한다. 그러나 관점을 조금만 바꿔서 생각하면, 이것은 오히려 기회가 될 수 있다. 지정학적 리스크가 해결된다면 상황은 급반전될 것이기 때문이다. 강력한 제조업을 바탕으로 리스크가 해결된 대한민국은 전 세계인이 투자하고 싶은 나라가 될 것이다.

그때가 되면 건설, 철도와 같은 저성장 주식들도 고성장 주식으로 탈바꿈할 것이다. 여기에 기존의 반도체, 2차전지와 같은 성장주의 상승까지 더해진다면, 코스피 지수는 3,000을 넘어 10,000까지도 도달할 수 있다. 이러한 관점에서 본다면, 우리나라 지수에 장기 투자하는 것도 상당히 현명한 투자라고 생각한다.

24 ··· 지수 투자, 역발상이 필요하다.

"오랜 시간 횡보하면 큰 기회가 온다."
피터 린치

10년이 넘게 활동하고 있는 주식 카페가 있다. 회원수만 24만 명이 넘는 국내 최대의 주식 커뮤니티이다. 나는 이곳에 올라오는 글들을 자주 읽는다. 한 번은 경력이 오래된 투자자가 카페에 아래와 같은 글을 올린 적이 있다.

'미국주식은 끝없이 오른다. 우리 나라 주식은 절대로 박스권을 탈출하지 못한다.
지수만 봐도 바로 확인이 가능하다. 미국주식이 답이다.
그러니 국내 시장에서 고생하지 말고 지금이라도 미국 주식을 해라.'

많은 사람들이 공감을 표시했다. '이 기회에 미국 주식으로 이동한다.'는 댓글도 수십개가 달렸다. 이 말은 미국과 우리나라의 지수만 놓고 비교해봐도 금방 수긍이 간다. 아래는 2012년부터 2024년까지 약 10년 동안 나스닥과 코스닥을 비교한 모습이다. 저점과 고점을 기준으로 나스닥은 대략 500%가 넘는 상승을 보였다. 코스닥은 100%가 넘는 상승을 보였다. 상승률을 떠나서 눈으로만 봐도 나스닥은 확연한 우상향의 모습을 하고 있다. 반면에 코스닥은 박스권을 벗어나지 못하고 있다.

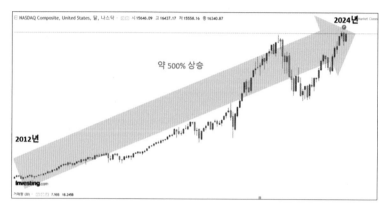

2012년 ~ 2024년까지 나스닥 지수의 모습

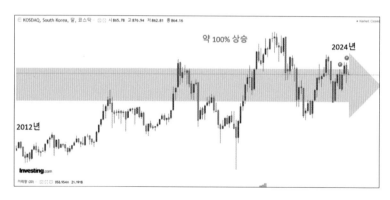

2012년 ~ 2024년까지 코스닥 지수의 모습

10년이라는 시간 동안 국내시장만 투자했던 분들은 상당한 소외감을 느꼈을 것이다. 나 역시 한 동안 이러한 소외감으로 힘들어했다. 아침에 일어나 경제 뉴스를 보면 미국 주식 시장이 신고가를 경신했다는 뉴스들로 떠들석했다. 미국 시장이 좋으니 국내 시장도 좋을 것이라 기대했지만, 국내 시장은 기대감에 찬물을 끼얹기 일쑤였다. 투자 커뮤니티의 어떤 분은 "국내 시장에서만 투자하려니 속이 문드러져 간다"고 표현하기도 했다.

하지만, 시간을 과거로 돌려서 보면 조금 다른 상황을 보게 된다. 지금은 계속해서 상승하고 있는 나라의 지수도 과거에는 전고점을 돌파하지 못하고 수십 년간 박스권에 갇혀 있던 시기가 있었다. 아래 몇 가지 예시를 통해 확인해 보겠다.

▶ 미국 S&P 500 지수는 2001~2015, 15년 동안 박스권에 머물렀던 시기가 있었다.

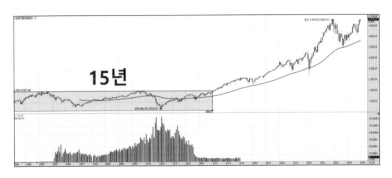

오랜 기간 박스권에 머물렀던 미국 S&P 500 지수

▶ 미국 나스닥 지수는 2001~2017, 17년 동안 박스권에 머물렀던 시기가 있었다.

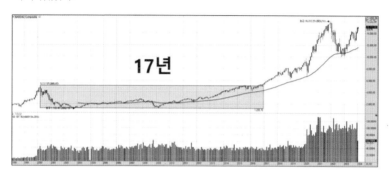

오랜 기간 박스권에 머물렀던 미국 나스닥 지수

▶ 독일 DAX 지수는 1999~2014, 15년 동안 박스권에 머물렀던 시기가 있었다.

오랜 기간 박스권에 머물렀던 독일 DAX 지수

▶ 일본 니케이 지수는 1998~2017, 20년 동안 박스권에 머물렀던 시기가 있었다.

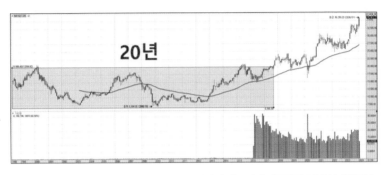

오랜 기간 박스권에 머물렀던 일본 니케이 지수

지금 시세를 분출하며 전 세계의 주목을 받고 있는 나라의 주가지수도 과거에는 박스권에 갇혀 힘을 응축하던 시기가 있었다. 그 시기에 투자를 했던 사람들도 우리와 같은 말을 했을 것이다. "이 나라의 지수는 절대 박스권을 돌파하지 못한다." 그러나 결국 개화의 시기가 찾아왔고, 하나둘 박스권을 돌파하며 긴 상승을 시작했다. 오랫동안 힘을 응축한 만큼 당당하게 날아오를 수 있었다. 결국 오랜 기간 소외감을 견뎌온 투자자들은 큰 기회를 맞이할 수 있었다.

투자자에게 소외감은 숙명과도 같다. 투자의 대가들은 역발상 투자를 하라고 말한다. 역발상 투자의 시작은 소외감을 견디는 것이다. 우리나라도 언젠가는 지수가 박스권을 탈출할 것이다. 그때가 되면 국내시장에 거대한 돈이 들어올 것이다. 수많은 중소형주가 대형주가 되는 변화의 장속에서 소외감을 견뎠던 투자자들은 큰 기회를 맞이할 것이다.

그러한 변화의 원인이 무엇이 될 지는 알 수가 없다. 남북 평화 모드가 될 수도 있고, 혁신적인 기술의 발견일 수도 있다. 어떤 이유가 될지 예측은 불가능 하다. 다만 과거의 기록을 확인해보면, 역사는 반복된다는 것을 알 수 있다. 주식시장은 지난 역사가 반복되는 경우가 많다. "이번에는 다르다"고 했지만, 대부분의 경우 이번에도 같았다. 그렇게 본다면 국내 시장은 상당한 잠재력을 가지고 있다. 오랜 기간 에너지를 응축한만큼 더 높이, 더 오래 상승할 날이 반드시 올 것이다.

개별 종목에서도 통할까?

25 ··· 개별 종목 구조도 사용 예시

"시장은 무기를 가진 자에게는 기회가 되고, 없는 자에게는 함정이 된다."
나심 탈레브

개별종목에서도 구조도를 사용하여 가격적으로 '싸다', '비싸다'를 판단할 수 있다. 이를 이해하기 위해, 앞부분에서 언급한 구조도의 원리를 다시 한번 상기시켜보겠다.

구조도의 원리는 '추세'에 있다. 추세란 어떤 현상이 일정한 방향으로 나아가는 경향을 말한다. 추세는 눈으로만 보면 파악하기가 쉽지 않다. 그러나 추세선들로 이루어진 구조도를 그려 놓으면 상단과 하단을 오가며 길을 지나가는 대상의 본모습을 볼 수 있게 된다.

즉, 추세가 형성된 종목은 상단과 하단 사이에서 규칙적인 움직임을 보이기 때문에 구조도 상단에서는 가격적으로 '비싸다', 구조도 하단에서는 가격적으로 '싸다'라고 판단할 수 있는 것이다. 이를 확인하기 위해 몇 가지 종목에 구조도를 적용하여 살펴보도록 하자.

다음의 차트들은 이 책을 쓰고 있는 현재 시점(2024년 3월)을 기준으로 시가총액 상위 종목들 몇 개의 구조도 예시이다.

(※ 이 내용은 단순 예시일 뿐, 투자를 권유하는 것은 아니니 참고해 주시기 바랍니다)

▶ 삼성전자

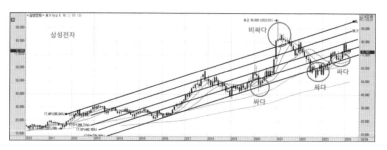

구조도를 추가한 삼성전자 월봉 차트

▶ SK하이닉스

구조도를 추가한 SK하이닉스 월봉 차트

▶ LG화학

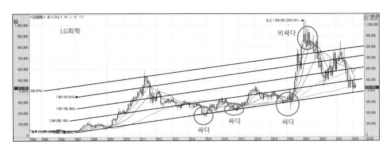

구조도를 추가한 LG화학 월봉 차트

▶ 셀트리온

구조도를 추가한 셀트리온 월봉 차트

구조도를 추가하면 종목에 형성된 장기적인 추세를 확인할 수 있다. 개별 종목도 형성된 추세에 따라 고점과 저점을 유지하며 움직임을 이어 나간다. 투자자는 이러한 일정한 움직임을 통해 가격적으로 '싸다'와 '비싸다'를 판단할 수 있다. 불규칙하고 기준이 없을 것만 같던 개별종목의 가격에서도 기준을 제시해 줄 수 있는 것이다. 이를 통해 투자자는 거래를 할 때 더욱 합리적인 판단을 내릴 수 있게 된다.

하지만 여기에는 반드시 고려해야 할 두 가지 주의사항이 있다.

철학이 있는 투자는 실패하지 않는다

첫 번째, 구조도를 타점 잡는 데 사용해서는 안 된다.

구조도는 말 그대로 '싸다'와 '비싸다'를 판단하는 용도로만 사용해야 한다. 구조도의 하단에 왔다고 매수 타점이라고 생각하여 즉각 매수하거나, 구조도의 상단에 있다고 매도 타점이라고 생각하여 즉각 매도해서는 안 된다.

올바른 사용 방법은 구조도의 하단에 왔을 때,

▶ 가격적으로 싼 때가 왔다고 판단한다.

▶ 종목의 가치를 판단한다. (자세한 내용은 CHAPTER10에서 설명)

▶ 기간을 길게 잡고 예상하락 폭을 크게 잡으며 분할 매수를 준비한다.

이와 같은 사고로 이어져야 개별 종목에서 구조도를 바르게 사용한다고 있다고 볼 수 있다.

마찬가지로 구조도의 상단에 왔을 때는,

▶ 가격적으로 비싼 때가 왔다고 판단한다.

▶ 종목의 가치를 판단한다. (자세한 내용은 CHAPTER10에서 설명)

▶ 욕심을 버리고 분할 매도를 준비한다.

생각의 흐름이 이와 같은 방식으로 진행되어야 한다.

두 번째, 개별 종목 주가의 '싸다', '비싸다'를 정확히 판단하려면 가치 판단이 함께 이루어져야 한다.

개별종목에서 추세를 확인하기 위해서는 구조도를 그리면 된다. 그러나 추세는 언제든지 변할 수 있다. 개별 종목의 주가가 그려 놓은 구조도를 이탈하며 크게 상승하거나 하락해도 전혀 이상할 게 없는 것이다.

그러므로 개별종목의 가격이 '싸다'와 '비싸다'를 판단할 때 정확도를 높이기 위해서는 구조도 외에도 종목에 대한 가치 판단이 함께 이루어져야 한다. 종목의 가치 판단에 대해서는 다음 챕터인 'CHAPTER10 관심 종목 선정도 기준이 필요하다'에서 자세히 다루도록 하겠다.

이번 장을 마치기 전에 중요한 사항을 한 번 더 정리하고 다음 챕터로 이동하도록 하겠다.

▶ 구조도는 개별 종목에서도 '싸다'와 '비싸다'를 판단하는 기준이 될 수 있다.

▶ 하지만 타점 잡는 데 사용해서는 안 된다.

▶ 개별종목에서 구조도를 바르게 사용하려면 종목의 가치 판단이 함께 이루어져야 한다.

▶ 개별 종목의 주가가 구조도의 하단지점에 도달하여 가격적으로 싸고, 그리고 가치 판단 상으로도 싸더라도, 싼 것이 더 싸지는 것은 주식시장에서 자연스러운 일이다. 따라서 매수할 때는 기간을 길게 잡고 예상 하락 폭을 크게 잡아 분할 매수를 해야 한다.

▶ 개별 종목의 주가가 구조도의 상단 지점에 도달하여 가격적으로 비싸고, 그리고 가치판단 상으로도 비싸더라도, 비싼 것이 더 비싸지는 것은 주식시장에서 자연스러운 일이다. 따라서 매도할 때는 욕심을 버리고 분할 매도를 해야 한다.

관심종목 선정도
기준이 필요하다

26 ··· 관심종목을 선정하는 기준 3가지

"주식시장에서 아무 종목이나 무작정 투자를 하는 것은 매우 위험한 행동이다." 이렇게 말을 하면 대부분의 초보 투자자들도 동의한다. 그러나 실제로 투자를 할 때는 아무 종목이나 무작정 투자를 하는 경우가 자주 보인다.

몇몇 분들은 자신은 그렇지 않다고 강하게 부인하기도 한다. 궁금한 마음에 어떻게 투자를 하고 있는지 물어본다. 이어지는 대답은 주식 방송에서 유명한 전문가가 추천한 종목에 투자한다고 한다. 믿을 만한 유명인이고 손절가까지 제시해 주었기 때문에 결코 아무 종목에나 투자하는 것이 아니라고 주장한다.

이렇게 투자하는 것이 바로 아무 종목이나 무작정 투자를 하는 것이라고 할 수 있다. 주식 투자를 할 때는 반드시 본인만의 기준을 가지고 접근해야 한다. 깊이 생각하고 직접 경험해보면서 꾸준히 수익이 나는 자신만의 투자 기준을 만들 필요가 있다. 자신만의 이런 기준에 따라 투자할 때 비로소 무작정 투자하는 단계를 벗어났다고 할 수 있다.

위대한 투자자로 손꼽히는 피터 린치는 다음과 같은 말을 하였다.

"하락장에서 당신이 불안한 이유는 쓰레기 같은 회사에 공부도 안 하고 평생 모은 돈을 몰빵해 투자하기 때문이다."

올바른 기준에 따라 종목을 매수했다면 하락장이 와서 손실률이 얼마가 되든 두려워할 필요가 없다. 왜냐하면 시간이 지나면 결국 큰 수익을 줄 것을 알기 때문이다. 이처럼 강한 믿음을 가지려면 관심 종목을 담을 때부터 자신만의 기준을 가지고 선별해야 한다.

나는 관심 종목을 선정할 때 크게 세 가지 기준을 사용한다.

첫째. 가격이 싸다.

둘째. 재무적으로 안정적이다.

셋째. 성장 모멘텀이 있다.

이 세 가지 조건을 만족한다면 관심종목에 담아 두고 지켜본다. 그리고 적절한 때가 왔을 때 전략적으로 분할 매수를 시작한다. 이러한 원칙을 지키는 것만으로도 수익을 올릴 확률이 상당히 높아지게 된다.

이번 챕터에서는 위에서 언급한 3가지의 관심종목 선정 기준에 대해 살펴보도록 하겠다.

27 ··· 관심종목 선정 1단계, 가격이 저렴한가?

"능력 범위 안에 있는 기업만 평가할 수 있으면 된다. 능력 범위의 크기는
중요하지 않다. 하지만 자신의 능력 범위는 반드시 알아야 한다."

워렌 버핏

현재 우리나라 주식시장(코스피, 코스닥)에는 2,500개 이상의 종목이
상장되어 있다. 이 종목들을 하나하나 성장성, 재무 안정성 여부를 파악
하며 관심 종목을 선별한다면 몇 달이 걸려도 불가능할 것이다.

따라서 수많은 종목 중에 후보가 될 종목들만 빠르게 추려내는 것이 중
요하다. 이때 빠르게 추려내는 좋은 방법 중 하나가 '가격의 저렴함'으로
선별하는 것이다. 기준에 따라 비싼 종목은 제외시키고 저렴하다고 판단
할 수 있는 종목만 후보로 골라내는 것이다.

가격이 저렴한지를 판단할 때는 두 가지 방법을 함께 사용하면 정확도
가 올라간다. 이해를 돕기 위해 국민주식이라 불리는 삼성전자를 예로 들
어 두 가지 방법에 대해 살펴보도록 하자.

(※ 이 내용은 단순 예시일 뿐, 투자를 권유하는 것은 아니니 참고해 주시기
바랍니다)

▶ 첫 번째, 구조도를 통한 확인

구조도를 이용해서 가격의 저렴함을 판단하는 방법은 쉽고 단순하다. 구조도의 하단영역에 있는지 확인하면 되기 때문이다. 삼성전자의 현재 주가가 아래의 그림처럼 주황색 동그라미 영역에 있다고 가정해 보겠다. 주황색 동그라미의 영역은 구조도로 볼 때 하단부에 속해 있다.

구조도를 추가한 삼성전자 월봉 차트의 모습

따라서 가격적으로 저렴한 영역에 와 있다고 생각해 볼 수 있다. 이 방법은 쉽고 간단하기 때문에 관심종목 후보군을 빠르게 선별할 수 있도록 도와준다.

▶ 두 번째, 적정 시가총액과 현재 시가총액의 비교를 통한 확인

적정 시가총액을 알아보기 위해서는 다음의 계산식[2]을 사용할 수 있다.

적정 시가총액 = 예상 영업이익 X 멀티플

---

2 최대한 단순하게 설명하기 위해 자세한 개념이나 식의 유도과정 등은 생략하였다.

그럼 이제 예상 영업이익과 멀티플을 어떻게 확인할 수 있는지 알아야한다.

1. 예상 영업이익은 네이버 증권을 통해 확인해 볼 수 있다.

1) 네이버 증권에서 '삼성전자'를 검색한다.

네이버 증권에서 '삼성전자'를 검색할 때 나오는 화면

2) 마우스 스크롤을 내려서 '기업실적분석'의 '더 보기'를 누른다.

기업실적분석										더보기
	최근 연간 실적				최근 분기 실적					
주요재무정보	2021.12	2022.12	2023.12	2024.12 (E)	2022.12	2023.03	2023.06	2023.09	2023.12	2024.03 (E)
	IFRS 연결	IFRS 연결	IFRS 연결	IFRS 연결	IFRS 연결	IFRS 연결	IFRS 연결	IFRS 연결	IFRS 연결	IFRS 연결
매출액(억원)	2,796,048	3,022,314	2,589,355	3,015,460	704,646	637,454	600,055	674,047	677,799	717,420
영업이익(억원)	516,339	433,766	65,670	325,014	43,061	6,402	6,685	24,335	28,247	47,855
당기순이익(억원)	399,074	556,541	154,871	301,545	238,414	15,746	17,236	58,442	63,448	44,377
영업이익률(%)	18.47	14.35	2.54	10.78	6.11	1.00	1.11	3.61	4.17	6.67
순이익률(%)	14.27	18.41	5.98	10.00	33.84	2.47	2.87	8.67	9.36	6.19
ROE(%)	13.92	17.07	4.15	7.92	17.07	13.71	10.66	9.27	4.15	
부채비율(%)	39.92	26.41	25.36		26.41	26.21	24.80	24.89	25.36	
당좌비율(%)	196.75	211.68	189.46		211.68	210.35	209.73	205.30	189.46	
유보율(%)	33,143.62	38,144.29	39,114.28		38,144.29	38,025.67	38,184.87	38,609.91	39,114.28	
EPS(원)	5,777	8,057	2,131	4,248	3,460	206	228	810	887	660
PER(배)	13.55	6.86	36.84	17.02	6.86	9.66	13.78	14.54	36.84	109.59
BPS(원)	43,611	50,817	52,002	55,188	50,817	51,529	51,385	52,068	52,002	
PBR(배)	1.80	1.09	1.51	1.31	1.09	1.24	1.41	1.31	1.51	
주당배당금(원)	1,444	1,444	1,444	1,441	361	361	361	361	361	
시가배당률(%)	1.84	2.61	1.84		0.65	0.56	0.50	0.53	0.46	
배당성향(%)	25.00	17.92	67.78		10.44	175.00	158.51	44.57	40.72	

* 분기 실적은 해당 분기까지의 누적 실적에서 직전 분기까지의 누적 실적을 차감하는 방식으로 계산되므로,
  기업에서 공시한 분기 실적과 차이가 있을 수 있습니다.
* 컨센서스(E) : 최근 3개월간 증권사에서 발표한 전망치의 평균값입니다.

마우스 스크롤을 내렸을 때 나오는 '기업실적분석' 화면

3) 상단의 '연간'을 눌러준다.

주요재무정보	연간				분기			
	2021/12 (IFRS연결)	2022/12 (IFRS연결)	2023/12 (IFRS연결)	2024/12(E) (IFRS연결)	2023/06 (IFRS연결)	2023/09 (IFRS연결)	2023/12 (IFRS연결)	2024/03(E) (IFRS연결)
매출액	2,796,048	3,022,314	2,589,355	3,015,460	600,055	674,047	677,799	717,420
영업이익	516,339	433,766	65,670	325,014	6,685	24,335	28,247	47,855
영업이익(발표기준)	516,339	433,766	65,670		6,685	24,335	28,247	
세전계속사업이익	533,518	464,405	110,063	359,794	17,130	39,426	35,243	57,250
당기순이익	399,074	556,541	154,871	301,545	17,236	58,442	63,448	44,377
당기순이익(지배)	392,438	547,300	144,734	288,526	15,470	55,013	60,238	44,814
당기순이익(비지배)	6,637	9,241	10,137		1,766	3,429	3,209	
자산총계	4,266,212	4,484,245	4,559,060	4,830,371	4,480,006	4,544,664	4,559,060	
부채총계	1,217,212	936,749	922,281	974,398	890,249	905,738	922,281	
자본총계	3,048,999	3,547,496	3,636,779	3,855,972	3,589,756	3,638,926	3,636,779	
자본총계(지배)	2,962,377	3,451,861	3,532,338	3,748,727	3,490,424	3,536,802	3,532,338	
자본총계(비지배)	86,622	95,635	104,441		99,332	102,125	104,441	
자본금	8,975	8,975	8,975	8,979	8,975	8,975	8,975	
영업활동현금흐름	651,054	621,813	441,374	683,458	81,699	97,305	199,452	
투자활동현금흐름	-330,478	-316,028	-169,228	-606,791	45,511	-134,233	-245,221	
재무활동현금흐름	-239,910	-193,900	-85,931	-94,181	-57,809	-19,577	1,254	
CAPEX	471,221	494,304	576,113	526,757	161,304	130,244	152,129	
FCF	179,833	127,509	-134,739	162,523	-79,605	-32,939	47,323	

'기업실적분석'에서 '더 보기'를 눌렀을 때 나오는 화면

철학이 있는 투자는 실패하지 않는다

4) 예상 영업이익이 2026년까지 나와 있는 것을 볼 수 있다.

Financial Summary	주재무제표 ▾ 검색 IFRS ? 산식 ?					• 단위 : 억원, %, 배, 주	• 분기 : 순액기준	
전체	연간		분기					
주요재무정보	연간							
	2019/12 (IFRS연결)	2020/12 (IFRS연결)	2021/12 (IFRS연결)	2022/12 (IFRS연결)	2023/12 (IFRS연결)	2024/12(E) (IFRS연결)	2025/12(E) (IFRS연결)	2026/12(E) (IFRS연결)
매출액	2,304,009	2,368,070	2,796,048	3,022,314	2,589,355	3,015,460	3,342,663	3,538,382
영업이익	277,685	359,939	516,339	433,766	65,670	325,014	479,338	542,744
영업이익(발표기준)	277,685	359,939	516,339	433,766	65,670			
세전계속사업이익	304,322	363,451	533,518	464,405	110,063	359,794	516,863	555,6 5
당기순이익	217,389	264,078	399,074	556,541	154,871	301,545	428,332	3
당기순이익(지배)	215,051	260,908	392,438	547,300	144,734	288,526	410,563	437,726
당기순이익(비지배)	2,338	3,170	6,637	9,241	10,137			
자산총계	3,525,645	3,782,357	4,266,212	4,484,245	4,559,060	4,830,371	5,205,612	5,512,204
부채총계	896,841	1,022,877	1,217,212	936,749	922,281	974,398	1,010,892	1,122,524
자본총계	2,628,804	2,759,480	3,048,999	3,547,496	3,636,779	3,855,972	4,194,720	4,389,680
자본총계(지배)	2,549,155	2,676,703	2,962,377	3,451,861	3,532,338	3,748,727	4,077,743	4,250,715
자본총계(비지배)	79,649	82,777	86,622	95,635	104,441			
자본금	8,975	8,975	8,975	8,975	8,975	8,979	8,979	8,979
영업활동현금흐름	453,829	652,870	651,054	621,813	441,374	683,458	799,479	703,476
투자활동현금흐름	-399,482	-536,286	-330,478	-316,028	-169,228	-606,791	-595,894	-459,442
재무활동현금흐름	-94,845	-83,278	-239,910	-193,900	-85,931	-94,181	-101,479	-69,580
CAPEX	253,678	375,920	471,221	494,304	576,113	526,757	553,780	495,000
FCF	200,152	276,950	179,833	127,509	-134,739	162,523	267,112	246,665

'기업실적분석'에서 '연간'을 눌렀을 때 나오는 화면

2026년까지 장기투자를 한다고 가정하고, 2026년도의 예상 영업이익
인 542,744억 원을 사용하도록 하겠다.

2. 멀티플도 네이버 증권을 통해 유추해 볼 수 있다.

이 식에서 멀티플은 쉽게 말해서 PER[3](주가수익비율) 이라고 보면 된다. 멀티플 값을 정확하게 특정하기란 전문가들도 쉽지가 않다. 참고 자료를 기준으로 그 기업의 향후 성장성 등을 고려하여 추정을 해야 한다. 이때 이용할 수 있는 참고 자료로는 동일 업종 PER이 있다.

삼성전자 동일 업종 PER이 표시된 화면[4]

내가 생각하는 삼성전자의 멀티플은 동일 업종 PER 10.51을 참고하여, 12까지는 값을 올려봐도 좋을 것 같다. 그래서 멀티플은 임의로 12로 정하겠다.

여기서 멀티플을 12로 설정한 이유는 삼성전자가 진행 중인 파운드리 사업의 성장성과 인공지능 시대의 개화로 메모리 반도체의 필요성 증가 등을 고려했기 때문이다.

---

3 PER은 Price Earning Ratio의 약자로 주가가 그 회사 1주당 수익의 몇 배가 되는가를 나타낸다.
4 이 글을 작성하는 2024년 3월을 기준으로 한 수치이다.

물론 이 값이 정답은 아니다. 연습을 통해 각자의 기준을 만들어야 한다. 기준을 만들기 위해서 기업의 사업 내용과 해당 산업에 대한 지속적인 공부가 필요하다. 멀티플 자체만으로도 책 한권 분량이 나올 정도로 방대하고 심오한 내용이다. 그러므로 여기서 자세한 내용을 논하기는 어렵다. 잘 모를 때는 동일 업종 PER에 1이나 2를 더하거나 빼서 적용해 볼 것을 권장한다.

이제 위의 예상 영업이익과 멀티플 값을 식에 대입해 보자.

▶ 2026년도 예상 영업이익 X 멀티플 = 2026년도 적정 시가총액

▶ 542,744억원 X 12 = 6,512,928억원

따라서 삼성전자의 2026년도 적정 시가총액은 651조 원이 된다.

삼성전자의 2026년도 적정 시가총액을 651조 원으로 예상했으니, 이제 현재의 시가총액과 비교하여 상승 여력이 얼마나 되는지 확인해 본다.

삼성전자 시가총액 확인을 위한 화면

삼성전자의 현재 시가총액[5]은 434조 원이다. 2026년 예상 시가총액인 651조 원과 비교해 볼 때, 향후 50%가량 상승 여력이 있다고 추정할 수 있다.

(※ 이 내용은 단순 예시일 뿐, 투자를 권유하는 것은 아니니 참고해 주시기 바랍니다)

두 가지 방법을 통해 삼성전자에 대해 다음과 같이 판단해 볼 수 있다.

1) 구조도의 하단에 위치해 있어 가격적으로 저렴하다.

2) 상승 여력이 50%나 있어 가치 대비 저평가되어 있다.

따라서 종합적으로 판단해 볼 때 '가격이 저렴 하다'라는 가치 판단을 할 수 있게 된다. 이해하고 나면 상당히 쉬운 내용이다. 간단하지만 매수와 매도를 고려할 때 큰 도움이 된다. 많이 연습하고 적용해보면서 자신만의 최적화된 기준을 찾아보도록 하자. 매우 유용한 도구가 될 것이다.

---

5 · 이 글을 쓰고 있는 2024년 3월 기준의 시가총액이다.

28 ··· 관심종목 선정 2단계, 재무적으로 안정적인가?

"주식 시장은 확신을 요구하며, 확신이 없는 사람들은 반드시 희생된다."
피터 린치

투자자가 기업에 투자하고 장기적으로 함께 하려면 기업이 튼튼해야 한다. 이를 판단하는 기준 중 하나가 재무적 안정성이다. 재무적 안정성은 여러 가지 방법으로 확인할 수 있다. 여기서는 쉽게 파악할 수 있는 두 가지 항목인 부채비율과 유보율에 대해 알아보도록 하겠다.

▶ 부채비율

부채비율이란 기업이 보유한 자본 대비 빚이 얼마나 많은지를 나타낸다. 예를 들어, 어떤 기업의 자본이 1,000원, 빌린 돈이 2,000원이라면 부채비율은 200%가 된다.

▶ 유보율

유보율이란 기업이 벌어들인 돈 중에서 남은 잉여금이 자기 자본 대비 얼마나 많은지를 나타낸다. 예를 들어, 어떤 기업의 자본이 1,000원인데 잉여금이 3,000원이라면 유보율은 300%가 된다.

기업은 부채비율이 낮고 유보율이 높을수록 재무적으로 안정적이라고 할 수 있다. 일반적으로 부채비율은 100% 이하, 유보율은 200% 이상이면 적정하다고 표현한다. 그러나 이런 수치는 업종마다 다르게 적용될 수 있으므로 일률적으로 적용할 수는 없다. 예를 들어, 은행은 다른 사람들의 돈을 빌려 운영하기 때문에 부채비율이 높을 수밖에 없다.

부채비율과 유보율에 대한 이해를 돕기 위해 삼성전자를 예로 들어 설명하겠다. 네이버 증권에서 삼성전자를 검색한 후 마우스 스크롤을 내려 해당 정보를 확인할 수 있다.

기업실적분석										더보기 ›
	최근 연간 실적				최근 분기 실적					
주요재무정보	2021.12	2022.12	2023.12	2024.12 (E)	2022.12	2023.03	2023.06	2023.09	2023.12	2024.03 (E)
	IFRS 연결	IFRS 연결	IFRS 연결	IFRS 연결	IFRS 연결	IFRS 연결	IFRS 연결	IFRS 연결	IFRS 연결	IFRS 연결
매출액(억원)	2,796,048	3,022,314	2,589,355	3,015,460	704,646	637,454	600,055	674,047	677,799	717,420
영업이익(억원)	516,339	433,766	65,670	325,014	43,061	6,402	6,685	24,335	28,247	47,855
당기순이익(억원)	399,074	556,541	154,871	301,545	238,414	15,746	17,236	58,442	63,448	44,377
영업이익률(%)	18.47	14.35	2.54	10.78	6.11	1.00	1.11	3.61	4.17	6.67
순이익률(%)	14.27	18.41	5.98	10.00	33.84	2.47	2.87	8.67	9.36	6.19
ROE(%)	13.92	17.07	4.15	7.92	17.07	13.71	10.66	9.27	4.15	
부채비율(%)	39.92	26.41	25.36		26.41	26.21	24.80	24.89	25.36	
당좌비율(%)	196.75	211.68	189.46		211.68	210.35	209.73	205.30	189.46	
유보율(%)	33,143.62	38,144.29	39,114.28		38,144.29	38,025.67	38,184.87	38,609.91	39,114.28	
EPS(원)	5,777	8,057	2,131	4,248	3,460	206	228	810	887	660
PER(배)	13.55	6.86	36.84	17.02	6.86	9.66	13.78	14.54	36.84	109.59

삼성전자 기업실적분석 화면

좌측에는 2021년부터 2023년도까지 연 단위로 부채비율과 유보율의 변화를 확인할 수 있고, 우측에서는 2022년 12월부터 2023년 12월까지 분기별 부채율과 유보율의 변화를 확인해 볼 수 있다.

빨간색 네모 박스로 표시된 2023년도 연간 실적을 기준으로 보면, 삼성전자의 부채비율은 25%, 유보율은 39,114%로 재무적으로 상당히 안정적임을 확인할 수 있다.

관심 종목을 선정할 때 부채비율과 유보율을 확인해 보는 것만으로도 투자에서 발생할 수 있는 위험성을 낮출 수 있다. 안전하고 여유 있는 투자를 위해 부채비율과 유보율을 습관적으로 확인하는 것도 좋은 방법이 된다.

29 ··· 관심종목 선정 3단계, 성장 모멘텀이 있는가?

"투자는 과거가 아닌 미래의 가능성에 베팅하는 것이다."
피터 린치

투자자들은 누구나 내가 산 주식이 10배, 100배 상승하는 종목이 되기를 꿈꾼다. 그런 종목을 바닥에서 사서 천장에서 팔고 나오는 매매는 생각만 해도 짜릿한 일이다. 그렇다면 어떻게 해야 10배, 100배 오르는 종목을 만날 수 있을까? 이 질문에 답하기 위해서는 먼저 종목의 주가가 급등하는 본질적인 원인이 무엇인지 생각해 볼 필요가 있다.

주식시장에서 매일매일 새로운 테마에 의해 종목들이 급등하는 것을 보고 있으면 '주식은 테마에 의해 움직인다'는 착각을 하게 된다. 그러나 조금만 더 깊이 생각해 보면 '테마로 인해 그 기업이 돈을 잘 벌 것'이라고 예상되기 때문에 주가가 급등한다는 것을 알 수 있다.

따라서 주가가 크게 상승하려면 '기업이 지금보다 급격하게 돈을 잘 벌어야 한다'라는 결론에 이르게 된다. 이를 재무제표에 나오는 항목으로 표현하자면, '매출액이 급격하게 증가해야 한다'고 다시 말할 수 있다.

전체	연간	분기						
주요재무정보	연간							
	2019/12 (IFRS연결)	2020/12 (IFRS연결)	2021/12 (IFRS연결)	2022/12 (IFRS연결)	2023/12 (IFRS연결)	2024/12(E) (IFRS연결)	2025/12(E) (IFRS연결)	2026/12(E) (IFRS연결)
매출액	14,838	15,662	19,895	33,019	47,599	56,711	88,915	122,662
영업이익	899	603	1,217	1,659	359	2,363	5,991	7,892

매출액이 급증하는 특정 종목의 예시

그렇다면 이제 매출액이 증가하려면 어떤 상황이 되어야 하는지 살펴봐야 한다. 이를 위해서는 다음 공식을 이해할 필요가 있다.

매출액 = P(판매단가) X Q(판매수량)

공식에서 보이는 것처럼 매출액이 증가하려면 판매 단가가 올라가거나 판매 수량이 늘어나야 한다. 이 공식은 '성장 모멘텀이 있는 종목을 어떻게 찾을 것인가?'라는 질문에 대한 판단 기준이 되어 준다.

개인적인 경험으로는,
▶ P(판매단가)가 올라가면 단기적 성장 모멘텀을 만들어 준다.
▶ Q(판매수량)가 폭발적으로 증가하면 장기적 성장 모멘텀을 만들어 준다.

결과적으로 10배, 100배 오르는 주식이 되려면 삶의 모습이 바뀔 정도의 큰 변화 속에서 직접적인 혜택을 받아 Q(판매수량)가 폭발적으로 늘어나야 한다. 그 과정에서 공급부족으로 P(판매단가)도 함께 올라가면 장기적으로 10배, 100배 가는 주식이 된다.

각각의 경우의 예를 통해 살펴보도록 하자.

1) P(판매단가)의 상승으로 단기적 성장 모멘텀이 생긴 사례

2024년 3월 17일 연합뉴스의 기사 중에는 다음과 같은 내용이 나온다.

"삼성전자를 포함한 메모리 공급사들의 감산 효과에 작년 4분기를 기점으로 D램과 낸드 가격은 하락을 멈추고 상승 전환했다."

삼성전자는 D램 분야에서 세계적인 영향력을 행사한다. 이러한 삼성전자가 감산하게 되면 수요는 일정한데 공급이 줄어들기 때문에 D램의 가격은 상승하게 된다. D램 가격의 상승으로 삼성전자의 반도체 부문 매출액은 증가하게 되고, 결국 시간적 간격을 두고 삼성전자의 주가는 오르게 된다.

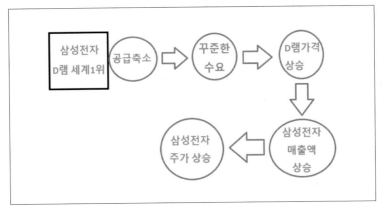

공급축소로 주가가 상승하는 과정

그러므로 P(판매단가)가 상승하면, 결국 시간적 차이를 두고 기업의 주가 상승으로 이어지기 때문에 P(판매단가)의 상승은 단기적 성장 모멘텀

을 만들어 준다.

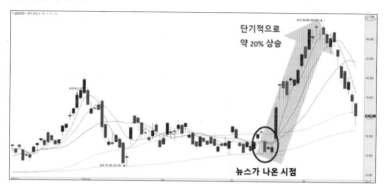

단기적으로
약 20% 상승

뉴스가 나온 시점

뉴스 발행 이후 삼성전자의 주가

위의 그림은 뉴스 발행 이후 삼성전자의 주가 변화를 보여준다. 뉴스 발행 이후 약 20%의 주가 상승이 있었다. 이번 사례에서는 뉴스 발행 후 주가 반영이 빠르게 이루어졌음을 알 수 있다. 노련한 투자자는 이런 기회를 놓치지 않는다. 기업의 주가가 저렴한데 P(판매가격)이 상승하는 이슈가 발생했다면, 높은 확률로 주가의 상승으로 이어지기 때문이다.

▶ Q(판매수량)의 폭발적 증가로 장기적 성장 모멘텀이 생긴 사례

하단의 그림은 2차전지 소재 관련 기업 에코프로의 2017 ~2023년까지의 주가 변화를 보여준다. 이 6년 동안 주가는 최고점을 기준으로 무려 약38,000%가량 상승했다.

(※ 이해를 돕기 위한 단순 예시일 뿐 세부 내용은 다를 수 있으며, 투자를 권유하는 것은 아닙니다. 참고만 해주시기 바랍니다)

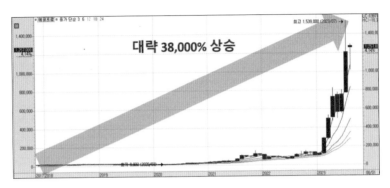

대략 38,000% 상승

2017년~2023년의 에코프로 월봉 차트

에코프로가 장기간 동안 300배 이상 주가가 상승할 수 있었던 이유는 Q(판매수량)의 폭발적 증가와 관련이 있다.

내연기관차에서 전기차 시대로의 전환은 사람들의 삶의 모습이 바뀔 정도의 큰 변화였다. 전 세계에 있는 대부분의 내연기관 차량이 전기차로 바뀐다고 가정하면, 엄청난 양의 전기차 관련 부품과 소재가 필요할 것이다. 따라서 2차전지 소재를 만드는 에코프로의 제품 판매수량(Q)은 폭발적으로 늘어날 수밖에 없었고, 그 결과 주가가 엄청나게 상승했다.

여기서 주목해야 할 부분은, '삶의 모습이 바뀔 정도의 큰 변화 속에서, 직접적인 혜택을 받아 Q(판매수량)가 폭발적으로 증가한다'는 점이다. 이러한 기업들은 장기간 큰 폭의 주가 상승으로 이어진다. 10배 혹은 100배 상승하는 종목을 사고 싶다면, 10년 앞을 내다보고 이런 종목에 투자해야 한다. 국내의 유명 투자자인 '시골의사 박경철'은 한 대학교 강의에서 이를 'W'라고 표현하기도 했다.

자, 앞에서 배운 내용을 한 번 더 요약하고 다음 챕터로 넘어가 보자.

▶ 주식투자로 부자가 되려면 성장 모멘텀이 있는 종목들로 관심 종목을 선정해야 한다.

▶ 이때는 'P(판매단가)가 상승할 수 있는가? 또는 Q(판매수량)가 폭발적으로 증가할 수 있는가?'를 고려해 보면 판단이 쉬워진다.

이 개념만 정확히 알고 있어도 미래에 상승할 종목을 선별하기가 한결 편해진다.

Q가 폭발적으로 증가할 종목 어떻게 찾을 수 있을까?

30 ··· 세상은 어떻게 변화할 것인가?

　앞에서 우리는 10배, 100배 가는 주식을 찾기 위해서는 Q(판매수량)가 폭발적으로 증가할 종목을 찾아야 한다고 배웠다. 그렇다면 어떻게 이런 종목을 찾을 수 있을까? 이를 알기 위해서는 우리가 살고 있는 세상이 어떤 방향으로 변화할지를 생각해 볼 필요가 있다. 변화의 방향에 따라 직접적인 수혜를 받는 산업은 Q(판매수량)가 폭발적으로 증가하며 메가트렌드 산업을 형성할 것이다.

　나는 두 가지의 큰 방향이 있다고 본다.
　첫번째는, 삶의 편의성을 증대시키는 방향이다.
　두번째는, 삶의 존속을 위한 방향이다.

　첫 번째로, 삶의 편의성을 증대시키는 방향에서는 인공지능(AI) 산업이 크게 발전할 것이라고 생각한다.

　AI 열풍을 몰고온 ChatGPT를 사용해 본 사람들은 알 것이다. AI가 우리 삶을 얼마나 편리하게 해 줄지에 관해서 말이다. ChatGPT에 궁금한 것을 물어보면 높은 정확도로 필요한 답을 찾아 준다. 아직은 부족한점도 많고 적용할 수 있는 범위도 제한적이다. 하지만 시간이 지나고 기술이 발전하면서 ChatGPT가 냉장고, 세탁기 등 우리가 사용하는 모든 물품에 들어간다고 가정해 보자. 사람이 할 일은 크게 줄어들 것이고, 스스로 판단하고 일을 처리하는 AI의 도움으로 인간은 궁극의 편리함을 누리게 될 것이다.

　기업의 입장에서도 거대한 수요가 있기 때문에 AI 산업에 투자하지 않을 이유가 없다. 계속해서 더 큰 돈을 투자하고 더 우월한 기술을 차지하기 위해 무한한 경쟁을 할 것이다. 이러한 경쟁 속에서 반도체 기술은 계속해서 발전할 것이고, 반도체 기술의 발달은 자연스럽게 AI 산업의 발전으로 이어질 것이다.

　두 번째로, 삶의 존속을 위한 방향에서는 친환경 에너지와 전기차 산업이 크게 발전할 것이라고 생각한다.

　아무리 기술이 발달하고 인간의 삶이 편해진다고 해도 우리가 살아갈 지구라는 터전이 없다면 모든 것이 끝이다. 이는 지극히 당연한 말이다. 현재 지구 온난화 현상이 우리 삶의 터전을 위협하고 있다. 지구 온난화로 인해 기상이변이 속출하고, 해수면 상승으로 해안 지대 일부가 침수되는 현상이 나타나고 있다. 지구 온난화 현상을 막기 위한 적극적인 노력이 필요한 상황이다.

　전 세계는 이에 대한 대책을 마련하기 위해 고군분투하고 있다. 가장

확실한 대안으로 전 세계가 실시하고 있는 것은 화석연료의 사용을 줄이는 것이다. 주요 선진국들은 다양한 정책을 통해 화석연료의 사용을 줄이고 있다. 그 중 하나는 강력한 규제를 통해 탄소 배출을 줄이는 것이다. 예를 들어, 탄소배출이 많은 기업에 탄소세를 부과한다. 기업은 탄소세를 피하기 위해 탄소 배출을 적극적으로 줄이게 된다. 또 다른 방법은 보조금과 장려금을 제공하는 것이다. 미국에서는 친환경 에너지 연구 개발에 수억 달러의 보조금을 지원한다. 그리고 전기차와 친환경에너지 도입을 촉진하기 위해 큰 폭의 세액 공제를 제공하기도 한다.

이런 시대적 트렌드에 따라 친환경 에너지와 전기차 산업은 필연적으로 성장할 수밖에 없다. 인류의 존속이 달린 문제이기 때문에 국가 단위에서 협력하고 투자를 할 것이다. 이들 산업의 발전은 우리 아이들의 미래와 연결된다. 그러므로 발전할 수밖에 없다. 아니, 발전해야만 한다.

삶의 편의성과 삶의 존속이라는 거대한 두 방향을 생각해 본다면, 인공지능(AI), 전기차, 친환경 에너지 산업은 메가 트렌드를 형성하며 장기적으로 발전할 가능성이 크다. 시간이 걸릴 수는 있지만 높은 확률로 올 수밖에 없는 미래이다. 따라서 이들 산업 안에서 직접적인 수혜를 받을 세부적인 업종과 종목을 찾는다면, 향후 Q가 폭발적으로 증가하며 10배, 100배 상승하는 주식도 만날 수 있을 것이라 생각한다.

31 ··· 묵은 뉴스가 값지다

앞에서 장기간 성장할 메가 트렌드 산업에 대해 생각해 보았다. 이제 해야 할 일은 그 메가 트렌드 산업 내에서 구체적으로 어떤 업종이 직접적인 수혜를 입어 Q의 폭발적 증가로 이어질지 고민하는 것이다.

해답을 찾기 위한 방법으로 뉴스를 집중해서 보라고 말해 주고 싶다. 뉴스에는 앞에서 삼성전자의 사례처럼 P(판매가격)의 증가로 이어질 뉴스도 있지만, 관심을 갖고 보면 Q(판매수량)의 증가로 이어질 뉴스들도 자주 보인다. 그런 뉴스를 찾을 때마다 자신만의 공간에 스크랩해서 보관하는 것도 좋은 방법이다. 나는 비공개로 운용하는 카페와 텔레그램 채널이 있다. 성장 모멘텀이 보이는 뉴스들을 이곳에 스크랩해서 보관하고 있다. 이런 습관은 미래에 크게 상승할 종목을 한발 앞서 매수하는 데 큰 도움이 된다.

누군가는 이렇게 말할 수도 있다. "최근에는 뉴스기사의 핵심만 요약해서 정보를 제공하는 텔레그램 채널도 많습니다. 그런 걸 보면 되지 굳이 기사들을 보관할 필요가 있을까요?" 나는 "그럴 필요가 있다."고 말해주고 싶다. 왜냐하면 우리가 투자하는데 있어 도움이 되는 뉴스기사들은 최근에 발행된 뉴스가 아니라 적어도 1년 이상 지난 뉴스일 때가 많기 때문이다. 이렇게 말하면 이해가 않 되는 분들도 많을 것이다. 예를 들어보겠다.

현재 (2024년 5월) 시점을 기준으로 시장에서 가장 주목받는 주식은 전력 설비 관련 주식이다. 업종 대장주인 HD현대일렉트릭은 상승초기인 2022년 1월을 기준으로 1,000% 넘게 상승했다. 그러나 아직도 계속해서 신고가를 갱신하고 있다. 이런 상승이 언제까지 이어질지는 모르겠지만, 정말 무서운 상승세가 아닐 수 없다. HD현대일렉트릭을 제외하고도 변압기, 전선 업종의 주식들은 날마다 새로운 호재를 알리며 주가가 급등하고 있다. 지금은 시장의 관심을 한 몸에 받는 전력설비 업종이지만, 1년 전까지만 해도 사실 아무도 관심이 없던 업종이었다.

전력 설비 업종은 기존에 대북 관련주로 묶여 있었다. 남북이 통일되면 변압기와 전선의 수요가 급격히 증가할 것으로 예상되기 때문이다. 따라서 남북이 평화모드로 갈 때나 반짝 상승하곤 했다. 그러나 2018년 이후 남북 평화모드는 이어지지 않았고, 전력 설비 업종은 시장에서 주목받지 못했다. 나도 전력 설비 업종은 성장 모멘텀을 지니기 힘들다고 생각했다. 아래 뉴스기사를 접하기 전까지는 말이다. 2022년 12월 18일, 나는 뉴스 기사 하나를 보다가 생각이 바뀌었다. 전력 설비 업종도 성장 모멘텀을 가질 수 있겠구나 싶어서 기사를 스크랩해 두었다. 기사의 내용을 요약하면 아래와 같다.

세계 먹거리된 해저케이블… LS·대한전선 해외수주 '착착'

입력 2022.12.18. 오후 7:52

'18일 업계에 따르면 LS전선과 대한전선은 최근 해외 수주를 큰 폭으로 늘리며 해외 사업 가속화에 나서고 있다. LS전선은 이달 들어서만 지난 9일 대만에서 2100억원 규모의 해저케이블 공급 계약을 체결하고, 12일에는 영국에서 4000억원 규모의 HVDC(초고압 직류 송전) 케이블 공급계약을 따냈다. 이들 계약을 포함해 LS전선이 북미와 유럽, 아시아 지역에서 따낸 수주 규모는 1조 2000억원에 이른다.'

'신재생에너지는 전력을 일정하게 공급하기 어렵기 때문에 이를 보완하기 위해 송전 설비가 필수적이다. 특히 바다 한가운데 풍력 발전기를 설치하는 해상풍력시장이 고성장 하면서 해저케이블에 대한 수요가 급격히 높아지는 추세다.'

당시에도 나는 세상이 변화하는 두 가지 큰 방향에 대해 생각하고 있었다. 신재생 에너지는 '삶의 존속'이라는 방향에 부합하기 때문에 관심 대상이었다. 위의 뉴스기사를 통해 친환경 에너지가 일상 생활에 보급되기 위해서는 전력 인프라 구축이 필수라는 사실을 알게 되었다. 전력 설비 업종 내에서 사업 내용과 가격적으로 좋아 보이는 종목 몇 개를 관심종목으로 편입해두고 지켜보았다. 안타깝게도 1년 이상 시간이 지나며 더 좋아 보이는 업종이 생기면서 전력 설비 업종의 매수로 이어지지는 못했다.

결국 2024년이 시작되고 전력 설비 업종은 시장의 관심을 한몸에 받으며 큰 주가 상승을 보여주었다. 주가 상승의 원인은 인공지능(AI) 산업의 발달로 더 많은 전력을 필요로 하게 되고 전력 설비 인프라 구축의 필요성으로 이어졌기 때문이다. 내가 생각했던 것과 완전히 같은 이유는 아니었지만 비슷한 관점에서 전력 설비 업종의 주가 상승으로 이어졌다. 뉴스가 발행되고 약 1년6개월의 시간이 지나서야 주가 상승의 모멘텀으로 작용한 것이다. 이 사례를 통해 묵혀 둔 뉴스는 크게 상승할 주식을 저렴한 가격에 미리 선점하는 데 도움이 된다는 것을 알 수 있다.

그럼 왜 묵혀 놓은 기사를 보는 것이 도움이 되는 것일까? 그 이유는 아래와 같이 단계별로 생각해보면 이해가 쉬울 것이다.

1. 어떤 회사의 신사업이 시작되고 홍보를 위해 뉴스기사가 발행된다.
2. 기대감으로 주가가 상승한다.
3. 그러나 아직 사업 초기이기 때문에 매출액이 장부상에 찍히지 않는다.
4. 실망감으로 주가는 다시 제자리로 돌아간다.
5. 1년 이상의 시간이 지나며 사업이 본격적으로 성장 궤도에 오른다.
6. 장부상에 매출액이 실제로 찍히기 시작한다.
7. 매출액의 폭발적 증가와 함께 주가도 본격적으로 상승하기 시작한다.

모든 뉴스가 그런 것은 아니지만, 기업이 신사업을 시작하며 홍보를 위해 기사를 발행하는 경우도 많다. 기대감으로 주가는 단기간에 상승하지만, 사업 초기라 실적이 찍히지 않아 주가는 다시 제자리로 돌아온다. 노련한 투자자는 사업이 진행 중인데 주가가 다시 제자리로 돌아온 종목을 관심 종목에 편입시키고 지켜본다. 그리고 신사업의 매출액이 늘며 본격적인 성장 궤도에 오를 때 분할 매수로 주가 상승에 편승한다. 이런 방식은 앞으로 크게 상승할 주식을 저렴한 가격에 매수하는 데 큰 도움이 된다. 높은 확률로 다가올 수밖에 없는 미래와 관련된 산업은 시간이 걸리

더라도 주가가 상승하는 경우가 많기 때문이다.

된장은 오래 묵을수록 깊은 맛이 더해진다. 기사도 묵혀 둘수록 값어치가 올라가는 것들이 있다. 다가올 미래와 관련된 산업이 무엇이 있을지 고민해 보자. 그 산업과 관련된 오래된 뉴스를 찾아보자. 1년 이상 시간이 지났다면 사업이 본격적인 성장 궤도에 오르며 매출액이 찍히는 종목이 보일 것이다. 이런 종목에 관심을 갖아야 한다. 10배, 100배 성장할 종목을 저렴할 때 미리 선점하려면 이처럼 오랜 시간 관심과 노력이 필요하다.

32 ⋯ 다음 상황을 상상하자

"상상력은 주식 투자에서 가장 중요하나 것 중 하나이다. 그것이 없다면
다른 사람의 비전을 따르게 된다."

벤자민 그레이엄

전력설비 관련주는 2024년 5월을 기준으로 시장의 주도주이다. 대장
주들의 매출액이 실제로 증가하고 있으며, 그 증가율도 가파르다. 분석
리포트에 따르면, 산업의 업황도 매우 좋은 상황이다. 그러나 관련 주식
들의 주가는 이미 많이 오른 상태이다. 이런 상황에서 단순히 좋아 보인
다는 이유로 추격 매수를 하기에는 부담이 된다.

그렇다면, 투자자는 지금 시점에서 어떻게 생각하는 것이 현명할까?
나는 이런 경우에 다음에 일어날 일을 상상하는데 집중한다. 현재처럼 전
력설비 업종이 크게 오른 상황에서는 전력 인프라가 구축된 이후를 상상
해 보는 것이다.

이를 단순화하면 다음과 같다.

1. AI 산업의 발전

2. 전력 사용의 폭발적 증가 예상

3. 전력 인프라 구축의 필요성 증가

4. 전력설비 업종 주가 급등 (현재)

5. 그렇다면 전력 인프라 구축 이후는?

앞에서도 언급했듯이, 나는 장기적으로 인공지능(AI), 전기차, 친환경 에너지가 메가트렌드가 될 것이라고 생각한다. 이 세 분야와 관련해서 전력 인프라 구축 이후의 미래를 상상해보면 그림과 같이 나타낼 수 있다.

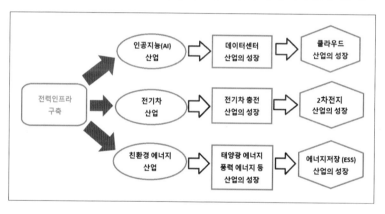

전력 인프라 구축 이후 도래할 수 있는 미래

1. 인공지능(AI) 산업

인공지능 산업은 많은 데이터를 효과적으로 관리하는 것이 필수적이다. 인공지능 산업이 발전하면 서버 관련 산업도 성장할 수밖에 없다. 서버 산업의 성장은 데이터센터 산업의 성장으로 이어지고, 이는 방대한 데이터를 효과적으로 관리할 수 있게 한다. 이로 인해 개인들이 일상에서 이러한 정보를 사용하려는 수요가 증가하게 된다. 이는 또 자연스럽게 클라우드 산업과 사물인터넷(IoT) 산업의 성장으로 이어지게 된다.

2. 전기차 산업

전력 인프라가 구축되면 전기차 산업도 본격적으로 성장할 수 있다. 안정적인 전력 공급이 가능해지기 때문에 전기차 충전 인프라가 빠르게 확산될 것이다. 충전 인프라가 구축되면서 불편함이 해소되면 내연기관 차에서 전기차로의 전환 속도가 급격히 빨라질 것이다. 전기차 시대가 본격적으로 도래하면 2차전지 산업도 크게 성장할 것으로 예상된다.

3. 친환경 에너지 산업

전력 인프라가 구축되면 태양열과 풍력 에너지 등의 친환경 에너지가 화석연료를 상당 부분 대체할 수 있을 것이다. 친환경 에너지는 저장과 전송의 문제로 인해 폐기되는 에너지가 많다는 이야기가 있다. 전력 인프라가 구축되면 전송이 용이해지기 때문에, 이는 필연적으로 친환경에너지 산업과 ESS (에너지 저장 시스템) 산업의 성장으로 이어질 것이라고 생각한다.

노련한 투자자는 현재의 급등하는 주식에만 시선을 뺏기지 않는다. 앞으로 이어질 상황을 생각하며 가격이 아직 저렴한 종목들을 찾아 분석하는 데 집중한다.

위의 그림은 전력 인프라 구축 이후 각 산업의 발전 모습을 상상한 것이다. 이 그림은 내 상상에 불과하므로 정답이 아니다. 여기서 주목해야 하는 것은 내용이 아니라, 이러한 방식으로 상상해보는 과정이다. 계속해서 상상하며 다음 3년을 준비해야 한다.

10배, 100배 상승할 종목을 바닥에서 매집하기 위해서는 상상력을 발휘하고 이를 투자 기회로 연결시킬 수 있어야 한다. 끊임없이 "그 다음에 이어질 미래는?"을 외치며 상상을 이어가야 한다. 누구나 보는 뉴스나 리포트를 통해서는 결코 10배, 100배 가는 주식을 저렴한 가격에 매수할 수 없다. 위대한 투자는 대부분 상상으로 시작된다.

33 ··· 대체 방안을 생각해보자

앞장에서는 다가올 미래를 상상하며 Q의 급격한 증가로 이어질 수 있는 산업을 찾는 방법에 대해 알아보았다. 이번장에서는 또 다른 접근 방식으로, '대체 방안이 있는가?'에 초점을 맞추고 생각해 보도록 하겠다. 대체 방안이란 기존의 방법이나 기술을 대신할 수 있는 새로운 해결책을 의미한다. 이런 새로운 대체 방안을 미리 상상하고 투자의 기회로 연결시킬 수 있다면, 이는 큰 수익으로 이어질 것이다.

이 글을 쓰고 있는 2024년 5월을 기준으로 시장의 관심을 한 몸에 받고 있는 업종은 앞서 언급했듯이 전력 설비 업종이다. 전력설비 업종의 주가 상승을 다시 한 번 단계별로 풀어서 살펴보자.

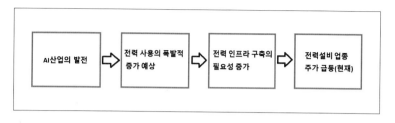

전력설비 업종의 주가 상승 분석

여기서 조건을 조금만 바꿔서 생각해 보자.

'AI산업의 발전 → 전력 사용의 폭발적 증가 예상 → 그렇다면 전력 사용을 효과적으로 줄일 수 있다면?' 과 같이 말이다.

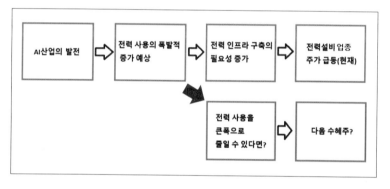

생각의 전환 예시

전력 사용의 폭발적 증가가 예상되므로 전력 인프라 구축 사업은 가속화될 것이다. 그러나 전력 인프라 구축에는 막대한 비용과 오랜 시간이 소요된다. 따라서 전력 인프라 구축을 대체할 수 있는 방안이 있다면, 관련 산업도 당연히 성장할 것이다. 현재 떠오르고 있는 방안 중 하나는 전력반도체의 사용이다.

전력반도체란 전력을 효율적으로 제어하여 전력 소비를 줄일 수 있게 해주는 반도체 소자이다.

AI산업이 발전할수록 더 많은 전력이 필요한 이유는 데이터센터 때문이다. ChatGPT와 같은 AI응용 프로그램이 실시간으로 질문자의 질문에 응답할 수 있는 이유는 데이터센터에서 대규모 데이터를 빠르게 처리하기 때문이다. 이 과정에서 상당히 많은 전력이 소모된다.

전력반도체는 데이터센터에서 정보처리 과정 중 발생하는 전력 소비를 최대 30%까지 줄 일 수 있는 것으로 알려져 있다. 이는 다시 말하면 기술력이 높은 전력반도체를 사용하면 구축해야 할 전력 인프라의 규모가 줄어든다는 뜻이다. 이것은 전력 인프라 구축에 사용되는 비용을 절감시켜 줄 것이다. 그리고 이렇게 절감된 비용과 추가 투자금이 전력 반도체 산업의 발전을 위해 투자될 것이다.

이런 환경은 자연스럽게 전력 반도체 산업의 주가 상승으로 이어지게 된다. 숙련된 투자자는 여러 각도에서 상황을 살펴보고 가능성을 분석할 수 있어야 한다. 끊임없이 상상하고 새로운 투자의 기회를 찾는 과정을 통해 자산이 크게 불어날 확률도 점차 높아지게 되는 것이다.

(※ 위 내용은 투자 권유가 아닌, 생각하는 방식을 설명하기 위한 단순 예시일 뿐임을 참고해 주시기 바랍니다)

34 ··· 공격과 함께 방어도 생각해야 한다.

CHAPTER11 에서는 다가올 미래에 Q의 급격한 증가로 이어질 수 있는 종목을 찾는 방법에 대해 알아보았다. 다시 한번 정리를 해 보자면, 우리는 아래의 두 가지 방법을 통해 Q의 급격한 증가로 이어질 후보 종목들을 선별할 수 있다.

1. 사람들이 기대하고 있는 일이 일어난 이후, 어떤 미래가 다가올지 상상해 본다.
2. 큰 폭의 공급 증가가 필요한 대상을 대체할 수 있는 방안이 있는지 생각해 본다.

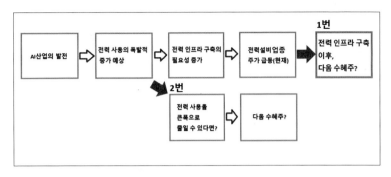

Q의 급격한 증가로 이어질 후보 찾기 예시

대부분의 사람들이 시장에서 가장 인기있는 주식에만 집중을 한다. 그러다 보니 위의 1번과 2번 방법을 통해 선별한 종목들은 소외되어 가격이 저렴한 경우가 많다. 숙련된 투자자들은 이러한 주식을 오랜 기간 지켜보다가 적절한 시기가 오면 여유 있게 분할 매수를 진행한다.

물론, 논리적인 관점에서 종목을 선별하더라도 예상과 다르게 몇 년이 지나도 반응이 없는 경우도 있을 것이다. 또는 내가 예상했던 이유와 전혀 다른 이유로 상승하게 될 수도 있다. 나는 주식시장에 10년이 넘게 있었지만, 내가 예상한 시나리오 대로 주가가 상승한 경우는 드물었다. 상승하더라도 생각하지 못한 이유로 상승하는 경우가 많았고, 매번 변수가 있었다.

투자자는 예상하지 못한 상황이 발생해도 생존할 수 있어야 한다. 변수로 인해 타격을 받아도 주식 인생이 끝나지 않도록 나만의 방어 시스템을 구축해 놓아야 한다. 초보투자자라면 수많은 종목으로 분산하는 것이 도움이 될 수 있다. 내가 오랜 기간 사용했던 방법은 100종목으로 분산해서 투자하는 것이었다. 앞 챕터에서 언급한 관심종목을 선정하는 기준으로

100종목을 선별해서 투자했다. 한 종목당 들어가는 금액은 전체 비중의 1%로 동일하게 맞추려고 노력했다. 100종목 분산투자 방식 덕분에 종목 선정 과정에서 한 두 종목 큰 실수를 해도 전체 계좌에 심한 타격을 주지 않았다. 한두 종목이 잘못되어도 나머지 98개의 종목이 지속적인 수익을 내며 계좌가 불어나는 데 도움이 되었기 때문이다.

주식 투자에 있어서 가장 중요한 것은 시장에서 오래도록 살아남는 것이다. 이를 위해서는 먼저 원금을 안전하게 지켜야 한다. 기준에 따라 선별한 100개의 종목으로 분산 투자하는 방식은 원금을 안전하게 지키는 좋은 방법이다. 특히, 이 종목들이 모두 Q의 급증으로 이어질 수 있는 잠재력 있는 종목들로 구성되어 있다고 생각해 보자. 그렇다면 어떤 위기가 오더라도 밤에 두발 뻗고 잘 수 있다. 잠깐은 주가의 변동성으로 계좌가 흔들릴 수는 있겠지만, 시간이 지나면 높은 확률로 수익으로 이어질 것임을 알기 때문이다.

선발된 관심종목을 분류하라

35 ··· 관심종목 어떻게 분류하면 좋을까?

나는 주식투자의 고수가 되고 싶다는 열망으로 10년이 넘는 기간 동안 유명한 투자자들의 수많은 강의를 들었다. 각각의 고수마다 하는 말은 달랐지만 행동에 있어서는 공통점이 있었다. 바로 관심종목을 업종별로 깔끔하게 분류해 놓는다는 점이다. 처음에는 고수들이 깔끔한 것을 좋아해서 그런 줄 알았다. 시간이 지나며 중요한 이유가 있다는 것을 알게 되었다. 바로 돈의 흐름을 파악하기 위해서였다.

어느 날, 우연히 업종별로 분류된 고수의 관심종목 창을 보게 되었다. 나는 관심종목 창을 고수가 했던 것처럼 따라해 보았다. 그랬더니 신세계가 보였다.

업종별로 매일 빨간 불과 파란 불이 이동하는 모습이 한눈에 보이기 시작했다. 돈의 흐름이 보이기 시작한 것이다. 마치 두더지 잡기 게임을 하듯이 어떤 날은 A 업종에 돈이 몰리고 또 어떤 날은 B 업종에 돈이 몰렸다.

돈의 흐름이 보이자 전보다 한층 더 전략적인 매매를 할 수 있게 되었다. 예를 들어 단기간에 수익 실현을 하는 데이 트레이딩의 경우, 당일 돈이 몰려와 빨간불이 가득한 업종에서 적절한 종목을 찾아 스켈핑[6]이나 스윙투자[7]를 했다. 돈이 몰리는 곳에서 데이 트레이딩을 해야 전체적으로 상승하는 흐름 속에서 수익 실현으로 이어질 확률이 높기 때문이다. 반대로 장기 투자의 경우, 소외되어 파란불이 가득한 업종에서 적절한 종목을 찾아 분할매수를 진행하였다. 종목의 적정 가치를 계산해 두었기 때문에 주가가 하락할수록 기회가 되기 때문이다.

그러나 투자의 고수들은 돈을 내지 않으면 자신이 업종별로 분류해 놓은 종목들을 모두 공개하지 않았다. 그래서 결국 스스로 업종을 나누고 종목들을 분류해야만 했다. 당시 초보 투자자 입장에서 업종별로 종목을 분류하는 것은 쉽지 않았다. 우선 어떤 업종들이 있는지 잘 몰랐고, 모든 기업의 사업 내역을 일일이 공부하고 분류하려면 시간이 너무 오래 걸렸기 때문이다. 그래도 뉴스를 보거나 자료를 검색하여 종목의 신규 사업 내역을 알게 될 때마다 하나하나 정리하고 업종별로 분류하였다. 한 해 두 해 시간이 지나자 제법 많은 종목이 분류되었다.

관심종목 창을 업종별로 분류하고 싶지만 방법을 몰라 고민하는 초보 투자자분들도 있을 것이라 생각한다. 그런 분들에게 다음의 방법이 도움이 될 수 있다.

첫 번째, 내가 운영 중인 블로그에서 이웃 추가를 하면 모두 무료로 볼 수 있다.

---

6 분 단위로 이루어지는 단기 투자를 말합니다.
7 1~2주 정도 보고 투자를 하는 단기 투자를 말합니다.

두 번째, '인포스탁 테마분류' 사이트에 들어가면 테마별 종목들의 사업내역을 무료로 볼 수 있다.

제시한 두 가지 방법에 대해 구체적으로 알아보겠다.

첫 번째, '100억농부'의 블로그를 통한 확인 방법

1) 100억농부의 블로그에서 '이웃 추가'를 한다.

▶ 사이트 주소 : https://blog.naver.com/10billionfarmer

▶ QR코드 :

100억농부의 블로그 QR코드

2) 카테고리에 보이는 '업종분류' 항목을 클릭한다.

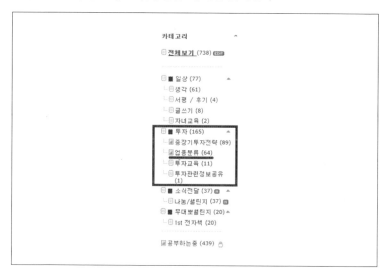

100억농부 블로그의 카테고리 모습

3) 그림과 같이 업종별로 분류된 것을 확인할 수 있다.

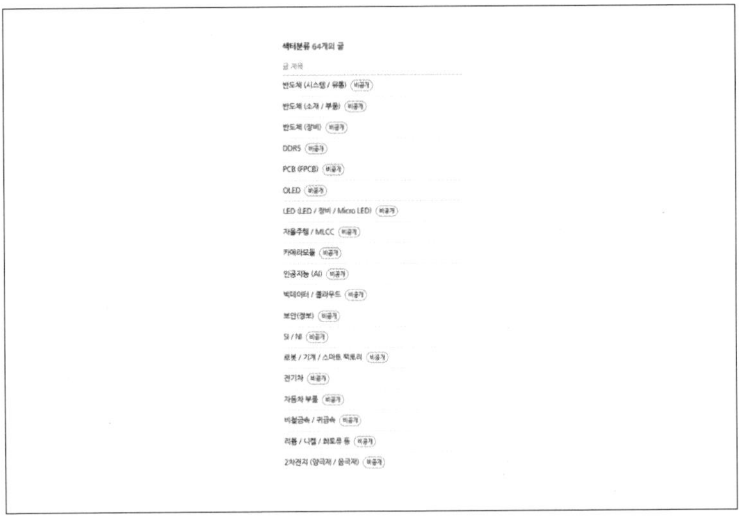

100억농부 블로그의 '업종분류' 카테고리의 모습

현재 약 64개의 업종으로 분류가 되어 있으며, 사진은 앞부분만 캡처하였다.

(※ 업종의 수와 내용은 상황에 따라 변경될 수 있으니 참고 바랍니다)

4) 업종별로 분류된 페이지를 클릭한다.

5) 그림과 같이 업종별로 종목들의 요약된 사업내역을 확인할 수 있다.

종목명	사업의 내용	종목코드
	주도주	
삼성전자	"DS사업부문(DRAM,NANDFlash,모바일AP,TFT-LCD,OLED등)에서 반도체사업영위.미국오스틴외시스템반도체(LSI)전용라인을보유."	005930
SK하이닉스	"DRAM, NAND Flash 등 메모리 반도체 주력 ▷ 반도체 (100%) : DRAM, NAND Flash, MCP 등 산업용 전자기기"	000660
	시스템반도체(전력반도체)	
LX세미콘	"'sic반도체/디스플레이패널구동IC와Data신호전달및제어부품(T-CON),전원관리IC(PMIC)등"	108320
RFHIC	"'질화갈륨(GaN)트랜지스터,GaN전력증폭기/인공위성,반도체사업진출"	218410
KEC	"'전력반도체-전력제어,중폭용트랜지스터,집적회로등생산/전기차및신재생에너지용차세대전력반도체(SiC)소자국가개발국책과제 참여"	092220
시지트로닉스	(GaN) 전력반도체 특화 전문 기업/삼천이투자	429270
예스티	"자회사예스파워테크닉스가SiC전력반도체설계,생산국내가장앞선기술력보유"	122640
자람테크놀로지	5g통신용반도체/	389020
아이에이	"'지능형배터리센서모듈,고전력모듈/양자난수생성기칩셋초소형패키지기술특허보유."	038880
큐알티	"AI,전력반도체국내유일시험분석"	405100
RF머트리얼즈	"화합물 반도체 패키지, 레이저 모듈"	327260
코스텍시스	"전력 반도체 및 통신 분야 고방열 소재,부품 전문기업"	355150
파두	데이터센터에 특화된 데이터 저장장치(SSD)용 컨트롤러를 생산	440110
	시스템반도체(파운드리,디자인하우스)	

종목들의 요약된 사업내역이 업종별로 정리된 모습

두 번째, '인포스탁 테마분류' 사이트를 이용하는 방법

(※ '인포스탁' 회사로부터 어떠한 광고 의뢰도 받지 않았음을 밝힙니다)

1) '인포스탁 테마분류' 사이트에 접속한다.

▶ 사이트 주소 : https://new.infostock.co.kr/Theme/ThemeDB

▶ QR코드 :

2) 그림과 같이 사이트에 접속하면 테마별로 분류된 항목을 확인할 수 있다. 보고 싶은 테마를 클릭한다.

인포스탁 테마분류

테마명	테마개요	최근 업데이트
유리 기판 **클릭**	유리 기판(글라스 기판)은 플라스틱 재질의 기존 반도체 기판을 유리로 대체한 차세대 기판. 기존 플라스틱 반도체 기판보다 안정성과 전력 효율이 높은 것이 특징이며, 표면이 매끄럽고 대형 사각형 패널로의 가공성이 우수하여 초미세 선폭 반도체 패키징 구현에 적합. 하나의 기판 위에 서로 다른 칩을 이어 붙여 패키징하는 ···	2024. 03. 13
뉴로모틱 반도체	인간의 사고 과정과 유사한 방식으로 정보를 처리할 수 있도록 인간의 뇌신경 구조를 모방하여 만든 반도체 칩. 하나의 반도체에서 연산과 저장은 물론 자율적 학습을 동시에 수행할 수 있으며, 이를 통해 모든 사물이 연결되고 지능화되는 인공지능(AI) 시대에 인지·학습·추론·예측·판단 능력을 갖춘 인공지능의 본격적인 활용 ···	2024. 02. 22
원자력발전소 해체	문재인 정부의 탈원전 정책 및 북한의 비핵화 기대감 등으로 부각됐던 종목군. 문재인 정부가 추진한 탈원전 정책으로 발표된 에너지전환 로드맵에는 신규 원전 건설계획 백지화 및 노후 원전 수명연장 금지 등을 통한 단계적인 원전 감축, 그리고 재생에너지 발전량 비중을 2030년까지 20% 확대하는 등의 내용이 포함.	2024. 02. 21
원자력발전	2008년 2월 이명박 정부 대통령직 인수위원회가 원자력 육성정책을 발표하면서 생성된 테마. 전세계적인 에너지 수요 증가와 친환경 정책, 경제적인 부분 등을 감안하여 원자력발전의 필요성이 커지고 있음. 최근 해외 국가들이 원자력발전 사업 확대로 정책 기조를 바꾸며 국내 업체들의 해외 원자력발전소 수주 기대감이 이···	2024. 02. 21
원격진료/비대면진료(U-Healthcare)	U-HEALTHCARE(Ubiquitous Healthcare Service)란 의료와 IT기술이 융합한 미래형 원격의료시스템으로 환자가 병원 등의 의료기관을 방문하지 않고도 시간과 공간의 제약 없이 원격으로 건강관리 및 의료서비스를 제공 받을 수 있는 서비스. 세계적으로 의료와 ICT의 융합이 이루어지면서 U-HEALTHCARE 및 원격의료가···	2024. 02. 21
우크라이나 재건	러시아-우크라이나 전쟁에 따른 우크라이나 재건사업 관련주로 시장에서 부각되는 종목군. 미국이나 유럽연합(EU) 등 전 세계가 전후 우크라이나 재건사업에 관심을 가지고 있으며, 우리나라 정부도 우크라이나 재건을 위한 인도적 지원과 개발 협력에 속도를 내고 있음. 22년7월 우크라이나 재건 회의(URC)에 우리나라와 미···	2024. 02. 21
우주항공산업(누리호/인공위성 등)	우주항공산업 관련된 종목군. 한국인 최초 우주인 탄생을 기점으로 나로호 발사(KSLV), 한국형 발사체(KSLV-Ⅱ) 개발사업, 누리호 발사, 인공위성 등 우주개발 사업이 활성화 될 것이라는 기대감이 커지고 있음. 2025년 하반기 경 누리호 4차 발사가 예정되어 있으며, 2032년 달에 착륙할 독자 달 탐사선을 만드는 '달···	2024. 02. 21
요소수	디젤차량에 사용되는 요소수 관련주. 요소수는 차량에 연료와 별도로 주입하는 촉매환원제로 자동차 배기가스에 포함된 질소산화물을 물과 질소로 분해하여 매연을 줄이는 기능을 함. 트럭 등에 의무 장착하는 배기가스 후처리 장치인 질소산화물 저감장치(SCR)에 들어가는 필수품.	2024. 02. 21
온실가스(탄소배출권)	온실가스를 감축할 수 있는 저감장치나 탄소배출권 사업을 영위하는 종목군. 탄소배출권이란, 교토의정서 제17조에 규정되어 있는 온실가스 감축체로 지구온난화 유발 및 이를 가중시키는 온실가스(이산화탄소, 메탄 등)를 배출할 수 있는 권리. 유엔기후변화협약(UNFCCC)에서 발급하며, 발급된 탄소배출권은 시장에서 상···	2024. 02. 21

철학이 있는 투자는 실패하지 않는다

3) 그림과 같이 종목들의 요약된 사업 내역을 확인할 수 있다.

종목명	테마/기업 요약
네패스아크 (330860)	Neuromorphic Artificial Intelligence Chip(뉴로모픽 인공지능칩) 테스트 개발.
앤씨앤 (092600)	스마트 모바일 및 사물인터넷(IoT) 디바이스를 위한 뉴럴셀(Spiking Neural Cell)기반 SNP 시스템온칩(SoC) 원천기술 개발 국책 과제를 수행.
에이직랜드 (445090)	주문형반도체(ASIC)를 설계디자인하는 디자인하우스 반도체업체. 국책과제를 통해 AI 팹리스(반도체 설계) 전문기업 디파이아이와 함께 뉴로모픽 반도체 모듈 및 칩 개발.
자람테크놀로지 (389020)	차세대지능형반도체 기술 개발사업 국책과제로 설계 부문을 맡아 한국전자기술연구원(KETI)과 디바이스용 인공지능(AI) 샘플 칩 제작 완료.
삼성전자 (005930)	24년 뉴로모픽 세계적 권위자인 함돈희 하버드대 교수를 SAIT(옛 삼성종합기술원) 부원장에 선임하고 미래 AI 반도체라고 불리는 뉴로모픽 AI칩 개발을 본격화 하고 있음. 21년 함 교수는 김기남 삼성전자 부회장, 황성우 삼성SDS 사장 등이 함께 AI반도체 기술 뉴로모픽(Neuromorphic) 주제 논문을 집 필했으며, 22년에는 공동 교신저자로 참여해 자기저항형메모리(MRAM)를 기반으로 한 "인-메모리(In-Memory) 컴퓨팅"을 세계 최초로 구현한 연구 결과가 '네이처'에 게재.
네패스 (033640)	자회사 네패스아크, Neuromorphic Artificial Intelligence Chip(뉴로모픽 인공지능칩) 테스트 개발.
오픈엣지테크놀로지 (394280)	모바일 AI 구현을 위한 뉴로모픽 반도체(NPU, 신경망처리장치) IP 개발 관련 중소벤처기업 과제 완료.

테마를 클릭했을 때 나타나는 종목과 사업 내역의 모습

위에서 소개한 방법들을 통해 업종별로 분류된 종목들의 사업 내역을 손쉽게 파악할 수 있다. 독자분들이 해야 할 일은 여기서 멈추지 말고 정보를 계속해서 추가하고 조합하며 자신만의 산업 지도를 만들어 가는 것이다. 산업지도가 완성되면 돈의 흐름에 따라 다음에는 어떤 업종이 혜택을 받게 될지 예상할 수 있는 안목이 생기게 된다. 본격적으로 투자가 재밌어지는 단계에 들어가는 것이다.

포트폴리오 구성

36 ··· 들어가기 전에 순환매를 이해하자

"투자란 몇 군데 훌륭한 회사를 찾아내어
그저 엉덩이를 붙이고 눌러앉아 있는 것이다."
찰리 멍거

주식시장에서 돈을 벌기 위해서 돈이 쉴 새 없이 돌고 있다는 사실을 이해해야 한다. 이해를 돕기 위해 단순화시켜서 예를 들면 다음과 같다.

(※ 이 예시는 단순히 이해를 돕기 위한 것이며, 실제 상황에서는 돈이 훨씬 더 복잡하고 다양한 방식으로 이동합니다)

1. 성질이 다른 자산 사이에서 돈의 이동[8]

1) 채권에서 주식으로 돈의 이동

---

8 이해를 돕기 위한 예시일 뿐 주식과 채권이 항상 반대로 움직이는 것은 아니다. 최근에는 주식과 채권이 함께 상승하고, 함께 하락하는 현상도 많이 관찰되고 있으니 참고하기 바란다.

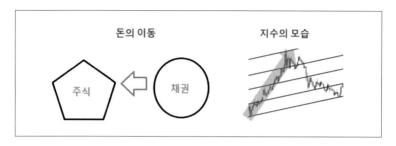

자산간 돈의 이동과 코스피 지수의 모습 1-1

2) 주식에서 채권으로 돈의 이동

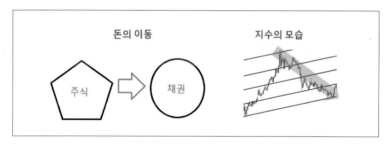

자산간 돈의 이동과 코스피 지수의 모습 1-2

2. 같은 주식시장 내에서 업종별 돈의 이동 (업종별 순환매)

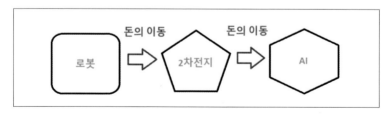

주식 시장 안에서 업종별로 돈이 이동하는 예시 1-1

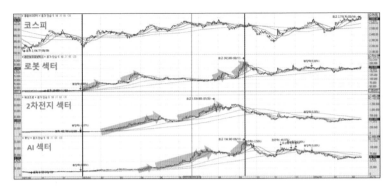

주식 시장 안에서 업종별로 돈이 이동하는 예시 1-2

3. 같은 산업 내에서 대형주, 중소형주 간 돈의 이동 (종목별 순환매)

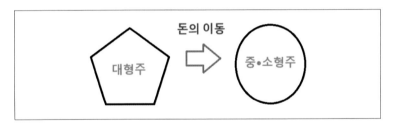

대형주와 중소형주 간 돈이 이동하는 예시 1-1

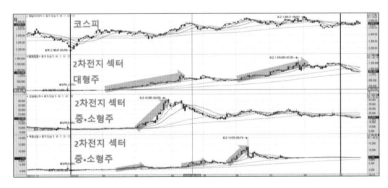

대형주와 중소형주 간 돈이 이동하는 예시 1-2

철학이 있는 투자는 실패하지 않는다

이처럼 돈은 계속해서 돌고 있다. 현명한 투자자는 이 흐름을 이해하고 있기 때문에 미리 준비하는 투자를 한다. 급등하는 종목을 뒤늦게 쫓아가지 않고, 언젠가는 자신의 차례도 온다는 것을 알기 때문에 느긋하고 여유 있게 투자하는 것이다.

37 ··· 포트폴리오의 구성, 원리를 알고 시작하자

"당신이 무엇을 소유하고 있는지,
그리고 왜 그것을 소유하고 있는지를 알아라"
피터 린치

우리는 CHAPTER8에서 지수에 투자하는 것도 훌륭한 투자라는 것을 알게 되었다. 적절한 때가 왔을 때 전략적인 방법을 이용해서 지수에 투자하고 기다릴 수만 있다면 자산은 꾸준하게 불어날 것이다.

그러나 투자자는 게임을 하기를 원한다. 이 게임은 대표선수를 뽑아 지수와 수익률 대결을 펼쳐서 누가 더 나은 성과를 내는지 겨루는 게임이다. 이때 대표선수를 뽑는 것이 바로 포트폴리오의 구성이다.

포트폴리오만 잘 구성해도 투자자는 원금 손실의 위험을 현저하게 낮출 수 있다. 주가의 변동성에도 분산된 포트폴리오가 계좌가 큰 폭으로 흔들리는 것을 막아준다. 이런 계좌의 안정성은 투자자의 심리를 흔들림 없이 유지시켜주고 더 나은 선택을 하도록 돕는다.

공격적인 성향의 투자자라면 성장하는 산업에 적절히 분산한 포트폴리오를 통해 지수의 수익률을 크게 앞지를 수 있다. 이에 관해서는 사례를 통해 확인해 보도록 하자.

다음 그림은 9개월간 코스피 지수, 로봇, AI, 2차전지 업종 대표주들의 수익률을 비교해 놓은 모습이다.

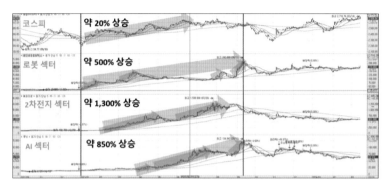

코스피 지수와 각 업종 대표주들의 수익률 비교차트

보는 것과 같이 각 업종의 대표주가 코스피의 상승률을 크게 앞서는 것을 확인할 수 있다. 이런 종목이 포트폴리오에 한두 종목만 포함되어 있어도 투자자는 지수와의 수익률 게임에서 큰 격차로 승리할 수 있다. 따라서 지수와의 수익률 게임은 고도의 수싸움이 필요하다. 단지 전문가 추천 종목을 샀다는 것만으로는 게임에서 이길 수 없다.

투자자는 포트폴리오를 구성할 때 다음 두 가지 사항을 고민해 봐야 한다.

첫째, 어떤 업종이 앞으로 크게 성장할 것인가?

둘째, 선별한 업종 안에서 어떤 종목이 가장 힘차게 상승할 것인가?

이러한 고민을 거쳐 최종적으로 선정한 대표 종목들과 게임에 참여하게 된다. 포트폴리오를 왜 구성하는지 원리만 숙지해도 아무 종목이나 편입하는 실수는 하지 않게 된다.

　다음 장에서는 지수보다 높은 수익률을 올릴 수 있는 방법론에 대해서
알아보도록 하겠다.

38 … 100배 가는 종목을 사려면 종목 수를 늘려라

"수많은 종목으로 포트폴리오를 구성해서 개별 종목의 리스크를 완전히
제거하고 오직 시장 리스크만을 남겨 놓아야 한다."
존 보글

이 장에서 소개할 전략은 100종목으로 분산하여 투자하는 방법이다.
앞으로 크게 성장할 산업을 선별하고, 이 산업에 속한 종목들 중 가장 좋
은 종목들을 선별하여 100종목으로 포트폴리오를 구성하는 것이다. 이
러한 전략은 지수를 이기고 싶으면서도 위험은 현저하게 낮추고 싶은 투
자자에게 적합하다. 100종목으로 분산된 포트폴리오는 개별 종목에서
발생하는 위험을 현저하게 줄여주기 때문이다.

시작하기 전에 앞에서 보았던 에코프로의 차트를 다시 한번 살펴보도
록 하자.

(※ 이 내용은 단순 예시일 뿐, 투자를 권유하는 것은 아니니 참고해 주시기
바랍니다)

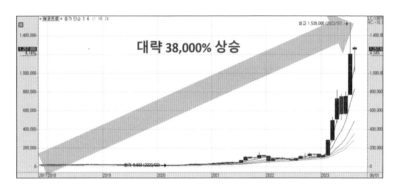

2017년~2024년까지 에코프로 월봉 차트

에코프로는 2017년도부터 8년간에 걸쳐 38,000%가량 상승하였다. 급등한 에코프로를 보면서 '2017년도에 이 종목을 샀더라면 좋았을 텐데'라는 아쉬움이 들 수도 있다. 그렇다면 시간을 과거로 돌려 2017년으로 돌아간다고 가정해 보자. 아래 그림은 2007년~2017년도의 에코프로 월봉 차트이다.

2017년 1월 에코프로의 월봉 차트 상황

어떤가? '반드시 사야겠다'라는 확신이 드는가? 만약 확신이 든다면 축하한다. 당신은 반드시 부자가 될 것이다. 하지만 안타깝게도 나는 확신이 들지 않는다.

사실, 나는 2017년도에 에코프로라는 종목을 알고 있었다. 전기차 시대가 올 것이라는 것도 알고 있었고, 에코프로가 2차전지 소재 사업을 한다는 것도 알고 있었다. 하지만 당시 내가 에코프로를 보며 느낀 생각은 '전혀 매력적이지 않다'였다. 전기차 시대는 오지 않을 것만 같았고, 다른 사람들도 에코프로에 무관심했다.

게다가 당시 나는 1~2종목에 집중 투자하며 단기간에 수익을 내는 전략을 주로 사용했다. 그런 상황에서 장기적인 시야를 가지고 에코프로를 산다는 것은 불가능에 가까웠다. 그러나 투자로 부자가 되기 위해서는 10배, 100배 상승할 종목을 사야 한다. 10년을 내다보고 Q(판매수량)의 폭발적인 증가가 예상되는 종목을 저평가되고 소외되었을 때 매수하여 장기간 보유할 수 있어야 한다.

하지만 막상 그런 종목들이 저평가되고 소외되었을 때 투자하기란 쉽지 않다. 눈에 띄는 특징이 있는 것도 아니고, 규모가 작은 기업이라 사업이 실패할 수도 있기 때문이다. 이런 기업에 내 자산의 대부분을 투자한다는 것은 상당한 부담이 될 수밖에 없다.

그런데 생각을 바꿔서 100종목으로 분산하여 포트폴리오를 구성한다면 어떨까? 1종목당 투자금액을 전체 투자금액의 1%로 균일하게 맞춘다. 그럼 용기를 내서 제2의 에코프로가 될 중소형주들을 사 볼 수 있지 않을까? 어차피 한 종목에 투자되는 비중이 전체 자금의 1%밖에 안되니까 말이다.

이렇게 100종목으로 포트폴리오를 구성했다고 가정해 보자. 엄선하여 선별하였어도 1, 2종목은 중간에 사업이 잘못돼서 거래 정지되거나 상장 폐지가 될 수도 있다. 그러나 나머지 98개의 종목은 100% 상승하는 종목도 있고, 어떤 종목들은 정말 10배, 100배 상승할 수도 있다. 만약, 단 2종목만 100배 상승해도 손실은 모두 만회하고 계좌는 크게 불어나게 된다.

예를 들어 살펴보도록 하자.

2017년도에 주식투자 자금 1,000만원이 있었다고 가정해 보자. 그중 1%인 10만 원으로 에코프로를 사서 장기투자를 하였다. 그랬다면 지금쯤 이 종목 하나가 3천만 원 이상이 되어 있을 것이다. 하나의 종목이 전체 투자금보다 커지게 되는 것이다.

이렇게 본다면, 100종목으로 분산 투자하는 것은 상당히 매력적인 투자 방법이 된다. 리스크는 현저하게 낮추면서도 수익률은 극대화할 수 있기 때문이다.

39 ··· 100종목 선정, 쉬운 방법이 있을까?

준비가 되지 않은 상태에서 100종목을 선정하라고 하면 처음에는 쉽지 않을 수도 있다. 그러나 주식투자는 하루 이틀하고 말 것이 아니다. 시간이 지나면 자연스럽게 좋은 종목들을 알 수밖에 없다.

투자자가 업종 분류를 잘해 놓았다면, 우수한 종목을 발견할 때마다 해당 업종에 편입시키기만 하면 된다. 굳이 의도하지 않아도 며칠 내에 꽉 찬 관심 종목 창을 보게 될 것이다. 나중에는 오히려 100개를 다 채웠음에도 계속해서 종목 수가 늘어나는 경험을 하게 될 것이다. 투자 공부를 열심히 하다 보면 좋은 종목이 눈에 들어오기 때문이다.

100종목 선별 과정을 간단한 예시를 통해 설명하겠다.

(※ 제시된 업종과 종목은 단순 예시일 뿐, 투자를 권유하는 사항이 아닙니다)

1. Q(판매수량)의 폭발적 증가가 예상되는 업종을 선정한다.

   Ex) 반도체, 로봇, 메타버스, 2차전지, 인공지능 등등

2. 아래와 같이 관심종목 창을 선정한 업종으로 분류해 놓는다.

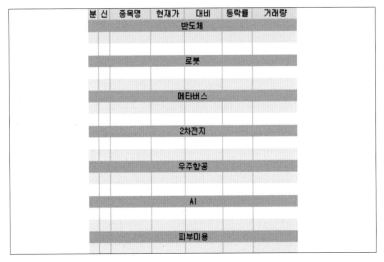

업종을 분류해 놓은 관심종목 창의 모습

3. CHAPTER10의 '관심종목 선정 기준'에 따라 선별된 관심 종목을 다음 그림과 같이 분류된 업종에 편입시킨다.

분	신	종목명	현재가	대비	등락률	거래량
		반도체				
집		삼성전자	78,200 ▼	700	0.89	18,703,996
		로봇				
		레인보우로	191,000 ▼	4,500	2.30	568,268
		메타버스				
		2차전지				
집		POSCO홀딩	432,000 ▲	3,500	0.82	354,232
		우주항공				
		AI				
		피부미용				

선정된 관심종목을 분류된 업종에 편입시키는 모습

4. 시간이 지나며 100개의 선별된 종목이 자연스럽게 업종별로 채워지게 된다.

위와 같이 업종 분류만 잘해 놓아도 어렵지 않게 100개의 관심 종목을 선정할 수 있다. 장기 투자를 목적으로 하는 것이기 때문에 서두를 필요도 없다. 매일 2~3종목씩만 꾸준히 채워가면 된다.

분류가 완료되면 돈이 돌고 있음을 눈으로 확인할 수 있다. 아래의 그림처럼 업종별로 빨간불과 파란불이 확연하게 나누어지기 때문이다. 따라서 투자자는 돈이 돌고 있음을 눈으로 보며 전략적인 투자를 할 수 있게 된다.

분신	종목명	현재가	대비	등락률	거래량
	반도체				
실	삼성전자	78,200 ▼	700	0.89	18,703,996
실	DB하이텍	44,300 ▼	1,150	2.53	212,795
실	가온칩스	100,800 ▼	1,200	1.18	214,397
	로봇				
	레인보우로	191,000 ▼	4,500	2.30	568,268
실	두산로보틱	90,900 ▼	1,200	1.30	750,748
실	고영	18,900 ▼	470	2.43	1,041,401
	메타버스				
실	LG이노텍	191,300 ▼	1,100	0.57	116,268
	자이언트스	10,350 ▼	40	0.38	42,645
봄	알체라	4,480 ▼	190	4.07	561,305
	2차전지				
실	POSCO홀딩	432,000 ▲	3,500	0.82	354,232
실	LG화학	460,500 ▲	11,000	2.45	275,423
실	에코프로	642,000 ▲	14,000	2.23	312,936
	바이오				
봄	HLB	118,800 ▲	7,000	6.26	2,808,071
실	셀트리온	188,900 ▲	700	0.37	646,054
봄	알테오젠	213,500 ▲	9,500	4.66	1,194,741

업종마다 상승과 하락으로 색이 구분되는 모습

돈이 계속해서 돌고 있음을 확인하고 그 원인을 분석하는 연습을 해보자. 이를 반복하다 보면, 다음번에는 어느 쪽으로 돈이 이동할지 판단할 수 있는 눈이 생기게 된다. 100종목 운용은 위험을 최대한 줄인 상태에서 계좌를 불릴 수 있게 해준다. 또한 많은 종목을 경험해 보면서 시장을 보는 눈도 빠르게 키울 수 있다. 다양한 산업과 기업에 대한 이해도가 높아지면서 더욱 효과적인 투자전략을 세울 수 있게 되는 것이다.

40 ··· 100종목 어떻게 관리해야 할까?

선별된 100개의 종목을 적절한 때에 매수하였다고 가정해 보자. 처음에는 계좌에 100개의 종목이 있는 것이 적응이 안될 수도 있다. 그리고 수많은 종목을 어떻게 관리하는지 의문이 들 것이다.

방법을 설명하기 전에 배운 내용을 다시 한번 상기해 보자. 100개의 관심종목은 장기간 큰 상승을 기대하고 선정하였다. 그러나 지금 당장은 종목들의 Q(판매수량)가 급격하게 늘어나는 시기가 아닐 수도 있다. 다시 말해, 상하로 가격 변동이 크게 나올 수 있다. 어떤 종목은 -50% 수익률을 기록하고 있을 수도 있고, 어떤 종목은 빠르게 +100% 수익률을 향해 갈 수도 있다.

투자자는 이때 계좌에 보이는 수익률 변화에 일희일비해서는 안 된다. 기준에 따라 종목을 선별하고 매수했다면 믿고 기다릴 수 있어야 한다. 기다리다 보면 시기는 다르지만 종목마다 Q(판매수량)가 급증하는 시기가 찾아오고 주가도 폭발적으로 상승하게 된다.

시간이 지나며 목표수익률에 도달한 종목들만 원금 매도하고 수익금 주식은 CHAPTER7에서 설명한 것처럼 '수익금계좌'로 이동시켜 편하게 관리한다.

목표수익률에 도달한 종목들을 쉽게 관리하는 방법으로는 수익률을 내림차순 정렬하여 관리하는 방법이 있다. 그림처럼 계좌잔고에서 수익률이 높은 종목들이 위로 오도록 내림차순 정렬한 후, 목표수익률에 도달한 종목들만 매도하는 방식을 사용하면 편하게 100종목 관리가 가능해진다.

	종목명	평가손익	수익률 ▽	매입가 ▼
			43.74%	1,312
			30.82%	7,650
			29.99%	6,680
			23.61%	12,779
			18.55%	3,940
			17.87%	9,515
			16.68%	3,045
			16.25%	9,510
			16.20%	35,600
			15.22%	1,905
			15.02%	12,660
			14.56%	6,280
			14.55%	24,700

계좌잔고 화면에서 위에 수익률 부분을 클릭하면 오름차순, 내림차순 정렬이 가능하다.

수익률로 계좌를 내림차순 정렬한 모습

해보면 매우 쉽다는 것을 알게 된다. 누군가는 종목 수가 많으면 하락할 때 대응이 안 된다고 말하기도 한다. 이건 잘 모르기 때문에 하는 소리라고 본다.

지수가 폭락할 때는 대부분의 종목이 다 같이 하락한다. 이건 소수 종목 집중 투자할 때도 마찬가지다. 하지만 종목 수를 많이 가져가면 그 안에서도 덜 하락하는 주식이 생기고 더 빨리 반등하는 주식도 생긴다. 집중 투자를 할 때처럼 속절없이 비자발적 장기투자로 이어지는 것이 아니라 하락장에서도 대응할 수 있는 돌파구가 생기는 것이다.

대부분의 종목을 장기 투자 목적으로 매수했지만, 급하게 현금을 만들어야 할 때도 있을 것이다. 이때는 수익이 난 종목들을 수익 실현하고, 그 수익금만큼 손실 종목들을 손절하여 실질적인 손실 없이 현금 확보도 가능하다.

종목 수가 많기 때문에 다양한 전략들이 가능해지는 것이다.

41 ··· 승부수를 띄우려면 종목 수를 줄여라

"주식으로 돈을 버는 진짜 비결은 겁을 먹지 않는 것이다."
피터 린치

책을 집필하면서 '이 장을 뺄까?' 하는 고민을 많이 했다. 책을 통해 말하고 싶은 것은 꾸준하게 주식투자로 돈을 버는 방법이다. 그런데 종목 수를 줄여서 집중투자 하는 방식은 상승장에서는 큰 수익을 주지만 하락장에서는 큰 손실로 이어질 수 있기 때문이다.

산전수전 다 겪은 투자자는 자신만의 원칙이 있을 테니 걱정하지 않는다. 나도 종목 수를 압축한 집중 투자를 병행하고 있다. 그런데 책의 독자 중에는 분명히 초보 투자자도 있을 것이다. 초보 투자자가 원칙 없이 이 장의 내용만 보고 집중투자를 할까 봐 걱정되었다.

집중 투자는 예측이 맞았을 경우 큰 수익을 준다. 그러나 변수로 인해 상황과 환경이 불리한 쪽으로 바뀐다면 시간적, 금전적으로 큰 손실이 발생할 수 있다. 안타까운 점은 주식시장은 좋은 환경보다 나쁜 환경일 때가 더 많다는 것이다.

따라서 집중투자는 이러한 위험을 인지하고도 집중투자를 해야 할 분명한 이유와 확신이 있는 투자자가 해야 한다. 초보 투자자가 단순히 '남들도 다 하니까' 라는 생각으로 집중 투자를 한다면 자칫 큰 손실로 이어질 수 있다.

집중투자의 위험성은 충분히 설명하였으므로 이제 본격적인 내용으로 들어가 보자. 집중투자의 방법도 앞에서 말한 것과 동일하다. 요약하자면,
1) 관심종목 선정 기준에 따라 종목을 선별하고 실적을 추적하며 지켜본다.
2) 적절한 때가 되었을 때만 사고판다.
3) 매수할 때는 기간을 길게 잡고 예상 하락 폭을 크게 잡아 분할매수 한다.
4) 원금만 매도 전략으로 장기투자 하며 수익률을 극대화한다.

집중 투자에서는 심리 관리가 매우 중요하다. 산전수전 다 겪은 투자자도 심리 관리가 안 돼서 상승 직전에 손절하는 경우가 의외로 많다.
심리 관리가 안 되는 이유는 한 종목에 비중이 실리기 때문이다. 비중이 실리면 약간의 가격변동에도 쉽게 마음이 흔들린다. 개인 투자자의 물량을 뺏으려는 메이저 세력들은 이런 심리를 너무도 잘 안다. 주가가 큰 상승을 하기 전에 속칭 '개미 털기'라는 현상이 나오는 것도 이 때문이다.
100종목 분산투자는 심리 관리에 큰 장점이 있다. 100종목에 투자하면 한 종목당 비중이 전체자금의 1%밖에 안 된다. 그러다 보니 주가가 몇 %가 빠지건 크게 동요하지 않게 된다.
집중투자도 100종목 분산 투자처럼 심리 관리가 잘된다면 수익률을 극대화할 수 있다. 내가 아는 주식 고수는 이에 대한 해법으로 항상 50%

의 현금 비율을 유지한다. 욕심이 날 때도, 두려울 때도 50%의 현금을 항상 유지하며 투자하는 것이다. 자신만의 해법을 준비하고 집중투자에 나서는 현명함이 필요하다고 본다.

포트폴리오 구성 심화편

42 … 종목 수 몇 종목 투자가 가장 이상적일까?

"여기 계신 분들은 몇 종목에 투자를 하고 계신가요?" 언젠가 국내 최대의 투자 커뮤니티에서 이런 질문을 올라온 적이 있었다. 질문에는 다양한 사례의 댓글이 달렸다. 단기투자를 하기 때문에 한두 종목만 집중 투자를 한다는 사람도 있었고, 500개가 넘는 종목에 장기투자를 한다는 사람도 있었다. 과연 몇 종목에 투자를 하는 것이 올바른 투자 방법일까?

이에 대해서는 주식 투자 대가들의 사례를 참고하면 좋을 것 같다. 투자의 대가들이 운용한 포트폴리오 종목 수와 전략을 살펴보도록 하자. 자료는 ChatGPT에 질문하고 도출된 결과값을 이용하였다.

	포트폴리오 종목	전략
워렌 버핏	40 여개	가치 투자. 장기적인 성장을 목표로 안정적인 기업에 투자
피터 린치	1000개 이상	다양한 섹터에 분산 투자하여 빠르게 성장하는 기업을 발굴
벤저민 그레이엄	10~30개	집중 투자. 소수의 우수한 기업에 집중적으로 투자
찰리 멍거	약 5~10개	집중 투자. 소수의 우수한 기업에 집중적으로 투자
레이 달리오	수백개 (다양한 자산군 포함)	"All Weather" 포트폴리오. 시장의 변동성을 최소화하기 위해 자산을 분산 투자
칼 아이칸	약 20~30개	행동주의 투자. 기업 지분을 대규모로 확보하고 경영에 적극 개입하여 가치를 창출
빌 애크먼	10~20개	집중 투자와 행동주의 투자. 소수의 대형 포지션을 통해 높은 수익을 추구
조지 소로스	수십 개에서 수백 개	글로벌 매크로 투자. 거시경제 트렌드와 글로벌 이벤트에 기반한 투자
세스 클라만	20~40개	가치 투자. 안전 마진을 확보하면서 저평가된 자산에 투자
모니시 파브라이	10~20개	가치 투자. 저평가된 우량 기업에 집중 투자

위에서 본 것처럼 투자의 대가들도 각기 다른 종목 수로 포트폴리오를 운용하고 있다. 워렌 버핏, 찰리 멍거와 같이 기업분석 능력이 극적으로 뛰어나다면 5~10개 종목으로 압축하는 것이 수익률 향상에 도움이 될 것이다. 그러나 시장의 변동성을 최소화하고 안전하게 투자하는 것에 중점을 둔다면 레이 달리오나 피터 린치처럼 종목 수를 수백개에서 1,000개 이상을 가지고 가는 것이 유리할 수도 있다. 한 마디로 정해진 답은 없다. 각자의 투자 성향과 추구하는 가치에 따라서 유연하게 대응하는 것이 좋을 것이다.

나의 경험을 추가로 말하자면, 10년이 넘는 기간 동안 다양한 종목 수로 포트폴리오를 운용해 보았다. 5개 이내의 종목부터 300개 이상의 종목까지 변화시키며 경험해 보았다. 결과적으로 나는 100종목 이상으로 분산하는 것이 내 성향과 잘 맞았다. 그래서 보통은 100종목 이상으로 분산하여 투자하는 편이다. 하지만 몇 년에 한번씩 높은 확률로 상승이 예상되는 투자 기회를 발견할 때가 있다. 그럴 때는 5개 이내의 종목으로 압축해서 투자하기도 한다.

다양한 시도를 해보고 한 가지 중요한 사실을 깨달았다. 우리 모두는 자신만의 '돈 그릇'이 있고, 그 그릇에 맞게 투자를 해야 한다는 것이다. 그릇의 크기는 투자할 때의 심리 상태로 나타난다. 한 종목에 가진 돈을 모두 투자했는데 마음이 불편하다면, 이는 내 돈 그릇과 맞지 않는다는 신호이다. 그런 경우 돈 그릇은 깨지고 만다. 기다려 보지만 결국 큰 손실로 이어지는 경우가 많다. 이러한 상황에서는 돈 그릇의 크기를 키워야 한다. 돈 그릇의 크기를 키우는 방법은 다양하다. 자신의 수입을 늘리거나, 경제에 관한 공부를 하거나, 혹은 돈을 대하는 마음을 수양하는 것이 예가 될 수 있다. 각자에게 적합한 방식으로 우선 돈 그릇을 키워야 한다.

당장 돈 그릇을 키우는 게 어렵다면, 투자 방식을 바꿔가며 돈 그릇에 맞게 투자를 하는 방법도 있다. 예를 들자면,
1. 투자하는 금액을 반으로 줄인다.
2. 기존의 압축 투자 방식에서 벗어나 다양한 산업과 종목으로 분산 투자한다.
3. 한 종목당 투입되는 비중을 크게 낮춘다.

이 과정을 반복하다 보면 어느 순간 마음이 편안해질 때가 있다. 그때가 바로 자신의 돈 그릇에 맞는 투자라고 생각할 수 있다. 돈 그릇에 맞는 투자를 할 때 실수가 줄어들고 꾸준한 수익으로 이어진다. 모든 사람에게 해당하지는 않지만, 내 경우는 그랬다. 만약 이유 없이 슬럼프가 지속되고 손실이 반복된다면, 자신의 돈 그릇과 맞지 않는 경우가 아닌지 곰곰이 생각해 보길 바란다.

43 ··· 분산투자 아직도 궁금하다

투자자는 왜 분산 투자를 해야 할까? 투자자가 분산 투자를 하는 이유는 변동성을 줄이기 위해서다. 하나의 산업에만 투자하게 되면 그 산업의 호재와 악재에 따라 계좌가 큰 폭으로 출렁일 수 있다. 이러한 계좌의 변동성은 숙련된 투자자조차도 심리적으로 흔들리게 만든다. 변동성을 낮추고 안정적인 투자를 하기 위해서는 다양한 산업에 분산 투자할 필요가 있다.

하지만 분산 투자라고 해서 동일한 산업 내 여러 업종으로 분산하는 경우를 종종 보았다. 예를 들어, 2차전지 산업 내에서 양극재, 음극재, 전해질 업체에 분산 투자하는 것이다. 이런 방식은 진정한 의미의 분산 투자라고 할 수 없다. 동일한 산업 내에서는 여전히 전체 산업의 변동성에 영향을 받기 때문이다.

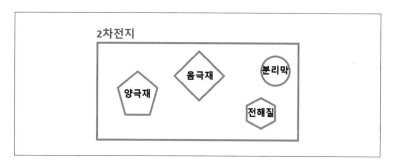

같은 산업 내 다른 업종으로 분산한 경우

같은 산업 내에서도 어떤 종목이 상승할지 모르니 업종별로 분산 투자를 하는 것은 좋다고 본다. 그러나 이런 방식이 우리가 흔히 말하는 분산 투자라고 할 수는 없다. 이렇게 투자하는 방식은 집중투자에 가깝다. 2차전지 산업에 갑작스러운 악재가 발생했을 때 계좌가 큰 폭으로 흔들릴 수 있기 때문이다.

주식 시장의 재미있는 점은 상승할 때는 동일한 산업 내에서도 양극재, 음극재 등 업종에 따라 선별적으로 상승을 한다. 하지만 하락할 때는 동일한 산업이라는 이유로 모두 함께 하락을 한다. 따라서 계좌의 변동성을 줄이고자 한다면 각기 다른 산업으로 분산할 필요가 있다.

그렇다면 어떻게 투자하는 것이 정석적인 분산 투자일까? 정답은 없으며, 각각의 성향에 따라 달라질 수 있다. 예를 들어, 주식 투자에서 성장성을 중시한다면 2차전지, 반도체, AI(인공지능) 등의 분야에 분산 투자할 수 있다. 반면, 안정성을 중시한다면 여기서 배당률이 높은 은행이나, 보험 같은 산업을 추가하여 투자 포트폴리오를 구성할 수도 있다.

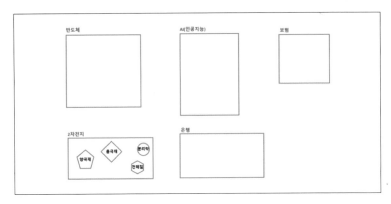

나는 투자를 할 때 성장성을 중시하는 편이다. 그러다보니 앞으로 Q(판매수량)이 크게 증가할 수 있는 산업 위주로 분산 투자를 한다. 이를 단계별로 설명하면 다음과 같다.

1단계. 미래에 Q가 급증할 수 있는 산업을 선별한다.

2단계. 산업 안에서 핵심 업종을 선별한다.

3단계. 관심 종목 선정 기준에 따라 기업을 선별한다.

1단계에서는, 장기적인 관점에서 메가 트렌드로 성장할 수 있는 산업을 선별한다. 메가 트렌드로 성장할 산업이란 미래에 Q가 급증할 수 있는 산업을 말한다. 이에 대해서는 CHAPTER11에서 충분히 설명했으므로 참고하기 바란다.

2단계에서는, 선택한 산업 안에서 핵심 업종을 선별해야 한다. 핵심 업종을 선별하려면 산업에 대한 공부가 필요하다. 시대에 따라 기술은 변화하게 된다. 변화하는 모습에 따라 중요성이 커지는 분야도 있고 점차 필요가 없어지는 분야도 생길 것이다. 투자자는 이러한 변화를 공부하고 상상하며 추적해 가야 한다.

반도체 산업을 예로 들어 보자. 반도체 산업은 시간이 갈수록 더 미세해지고 정밀해지는 추세다. 그러다 보니 정밀한 작업을 효과적으로 할 수 있는 곳으로 투자금이 이동하고 있다. 구체적인 예로, 과거의 반도체 산업에서는 반도체를 만드는 것 자체(제조)를 중요하게 생각해서 전공정 기업들의 주가 움직임이 좋았다.

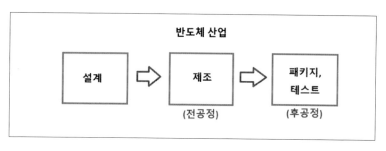

반도체 제조 과정

그러나 지금은 반도체가 작아지면서 만든 반도체를 조립하고(패키지), 조립한 반도체들이 잘 동작하는지 검사(테스트)하는 것도 상당히 중요해지게 되었다. 그동안 주목받지 못했던 분야가 새롭게 주목받기 시작하면서 최근에는 후공정 기업들의 주가 움직임이 좋았다. 앞으로도 이러한 움직임은 계속될 것으로 보인다.

3단계에서는, 선별한 핵심 업종내에서 관심 종목 선정 기준에 따라 기업을 선별한다.

관심 종목 선정 기준은 CHAPTER10에서 자세하게 설명하였으니 이를 참조하면 좋을것이다.

위의 3단계 과정을 거치면 다양한 산업으로 분산하여 핵심 종목들만 담을 수 있게 된다. 물론 처음에는 어렵게 느껴질 수도 있다. 하루아침에 모든 것을 이해하기는 힘들 것이다. 그러나 이 책을 반복해서 읽으며 방법을 익히고, 경제 뉴스를 보며 틈틈이 공부한다면 이해도가 빠르게 올라갈 것이다. 꾸준히 관심을 갖는다는 전제하에 3개월 정도면 흐름이 보이고, 핵심 종목들로 분산 투자를 할 수 있을 것이라 본다.

Q 소재주와 장비주 어떤 주식이 좋을까?

"동일한 산업안에서 좋다는 주식 두 개를 샀는데, 한 종목만 잘 갑니다. 왜 그런걸까요?"

과거에 주식투자 관련 유튜브 채널을 운영할 때, 초보 투자자 분들로부터 많은 질문을 받았다. 위의 질문도 그때 받았던 질문중의 하나이다. 질문을 주신 분은 누군가에게 종목 추천을 받고 비슷해 보이는 두 목을 샀다고 했다. 그런데 한 종목은 주가가 크게 상승한 반면, 나머지 한 종목은 주가가 거의 움직이지 않았다고 했다. 그 이유를 알고 싶다고 해서 내가 종목을 보게 되었다.

확인해 본 결과, 그 종목들의 차이는 소재주와 장비주라는 차이가 있었다. 소재주였던 종목은 큰 주가 상승을 보인 반면, 장비주였던 종목은 같은 산업임에도 불구하고 주가가 움직이지 않았던 것이다.

소재주와 장비주는 어떤 차이점이 있는것일까? 이해하기 쉽게 붕어빵을 만드는 과정에 빗대어 설명해 보도록 하겠다.

붕어빵 만드는 과정

소재는 붕어빵을 만들 때 필요한 기본 재료를 의미한다. 예를 들면 반죽을 위해 필요한 밀가루, 첨가물로 들어가는 소금, 붕어빵속에 들어가는 팥 앙금 등이 있다. 이러한 재료를 만드는 기업을 소재주라고 한다.

장비는 붕어빵을 만들기 위해 필요한 도구와 기계를 의미한다. 예를 들면 빵을 굽기 위한 붕어빵 틀, 가열을 위한 열장비 등이 이에 속한다. 이런 장비를 만드는 기업을 장비주라고 한다.

붕어빵 제작에 빗대어 설명했지만, 모든 산업이 이와 유사하다. 반도체 산업, 2차전지 산업 등 최첨단 기술이 필요한 산업에서도 무엇을 만드는지에 따라 소재주와 장비주로 분류할 수 있다.

소재주와 장비주의 차이를 알았으니, 이제 어떤 주식을 사는 것이 좋은지 알아보도록 하자. 이는 상황마다 다르게 생각해 볼 필요가 있다. 이 또한 붕어빵 제조 과정에 빗대어 설명해 보겠다.

팥 붕어빵만 있던 상황에서 누군가 슈크림 붕어빵이라는 신제품을 만들게 되었다고 가정해 보자. 소비자들은 슈크림 붕어빵을 먹어보고 신선한 충격을 받았고, 맛있다는 입소문이 나기 시작했다. 줄을 서서 슈크림 붕어빵을 사게 되었고, 날씨까지 추워지면서 슈크림 붕어빵을 찾는 사람이 더욱 늘어나게 되었다. 이런 상황이 되면 밀가루와 슈크림을 만드는 기업은 상당히 바빠진다. 끊임없이 들어오는 주문으로 공장의 가동률은 올라가고 야간 작업까지 이어진다. 이들 기업의 업무량이 늘어날수록 매출액도 급격하게 증가하게 된다. 매출액의 증가는 자연스럽게 주가의 상승으로 이어진다. 슈크림 붕어빵의 인기가 전국적으로 퍼지면서 너도나도 슈크림 붕어빵 장사를 하려고 한다.

붕어빵 장사를 시작하려다 보니 장비가 필요했다. 많은 사람들이 붕어빵 틀을 구매하려고 주문을 하기 시작한다. 수요가 급증하면서 붕어빵 틀을 만드는 기업은 상당히 바빠진다. 이곳도 끊임없이 들어오는 주문으로 공장 가동률이 올라가고 작업 시간도 늘어난다. 급증하는 주문과 함께 매출액도 급격하게 증가한다. 매출액의 증가는 주가의 급격한 상승으로 이어진다. 슈크림 붕어빵이라는 신제품이 등장하면서 붕어빵 산업의 소재주와 장비주 모두 큰 폭의 주가 상승을 보이게 되었다.

이를 투자자의 관점에서 다시 생각해보자. 이를 위해 소재주와 장비주의 특징을 조금 더 세부적으로 살펴보도록 하겠다. 위의 예시에서 밀가루와 슈크림 등의 소재는 붕어빵을 굽기 위해 지속적으로 필요하다. 밀가루와 슈크림 기업의 입장에서는 주문이 계속 들어오므로 매출액의 꾸준한 상승으로 이어진다. 꾸준한 매출액의 상승은 안정적인 주가 상승으로 연결된다.

반면에 붕어빵 틀은 비싸고 한번 구입하면 다시 구입할 필요가 없다.

붕어빵 틀을 만드는 기업의 입장에서는 주문이 들어올 때 한꺼번에 몰리지만, 주문이 없을 때는 상대적으로 조용한 상황이 반복된다. 다만, 가격이 비싸기 때문에 주문이 들어오는 시기에 큰 돈을 벌 수 있다. 따라서 주가도 매출이 늘어나는 시기에 급격히 올라갔다가 매출이 줄어들 때는 급격히 떨어지는 경향이 있다. 즉 변동성이 커질 수 있다.

이해하기 쉽게 한번 더 정리를 해 보자.
▶ 소재주와 장비주의 주가가 상승하기 위해서는 이슈가 필요하다.
▶ 이슈가 발생했을 때 소재주는 꾸준한 주가 상승으로 이어지는 경향이 있다.
▶ 장비주는 주가가 오를 때 급하게 오르고 내려갈 때도 급하게 내려가는 경향이 있다.

이러한 특징을 고려하여 각자의 성향에 맞게 투자할 필요가 있다. 나는 같은 조건이라면 장비주보다 소재주를 먼저 보는 편이다. 물론 상황에 따라 다른 선택이 필요할 수도 있다. 따라서 소재주도 사 보고 장비주도 사보면서 주가의 움직임을 직접 경험해 보는 것이 중요하다. 반도체 산업과 2차전지 산업에서도 이런 경향은 대부분 비슷하다. 이런 사실을 숙지하고 실전 투자를 통해 경험해 보도록 하자.

현금 비율
어떻게 정하면 좋을가?

44 ··· 구조도에 따른 현금비율 전략

> "주식시장은 적극적인 자에게서 참을성이 많은 자에게로
> 돈이 넘어가도록 설계되어 있다."
> 워렌 버핏

주식시장이 좋아질 것으로 예상하고 현금을 모두 사용하고 나면, 마치 기다렸다는 듯이 시장의 조정이 오곤 한다. 이럴 때마다 내가 뭘 하고 있는지 시장이 어디선가 지켜보고 있다는 느낌마저 든다. 주식을 사자마자 큰 조정을 받는 것을 보면서 현금을 조금만 더 들고 있을 걸 하는 후회가 밀려온다. 게다가 사고 싶은 주식들이 헐값에 나왔음에도 불구하고 현금이 없어서 살 수가 없다. 몹시 안타까운 일이다.

이런 후회를 반복하다 보니 체계적인 현금 관리의 필요성을 느꼈다. 내가 고안한 방법은 코스피 지수 구조도를 기준으로 현금비율을 유지하는 것이다.

이에 대해서는 그림을 보며 설명을 이어가도록 하겠다.

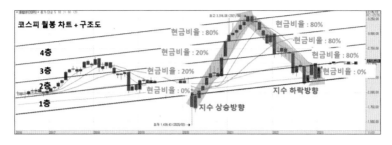

코스피 구조도에 따른 현금비율 적용 예시

구조도는 4개의 층으로 이루어져 있다. 구조도의 각 영역에 따라 현금 비율을 다르게 유지하는 전략은 위험성을 줄이는 데 많은 도움이 될 수 있다. 다만, 지수가 상승 방향인지 하락 방향인지에 따라 다르게 사용해야 한다. 이에 대해 정리하자면 아래와 같다.

▶ 지수 상승 방향일 때

지수 상승 방향에서는 현금보다 주식이 많아야 유리하다. 하지만 지수 상승 시기에도 조정은 반드시 발생한다. 따라서 다음과 같은 현금비율 유지가 도움이 될 수 있다.

1) 코스피 구조도 1층: 현금비율 0%

이 시기에는 대부분의 주식이 매우 저렴하다. 좋은 주식들이 헐값에 널려 있다. 이때는 분할매수를 통해 적극적으로 주식을 사야 한다. 외부 환경의 영향으로 시장이 예상보다 크게 하락할 수도 있다. 언론에서는 두려움을 극대화하는 뉴스들을 쏟아낼 수도 있다. 하지만 용기를 내서 현금을 소진해야 한다.

2) 코스피 구조도 2, 3층: 현금비율 20%

이제 대부분의 주식이 머리를 들어 상승하기 시작한다. 긍정적 전망의 뉴스들이 나오기도 한다. 초보 투자자는 이때 분위기에 휩쓸려 주식을 사기 시작하는 경우가 많다. 하지만 좋은 전략은 구조도 1층에서 매수한 종목 중 수익이 많이 난 종목은 일부 수익 실현하는 것이다. 그리고 바로 재투자 하기보다는 20% 정도는 현금을 두는 것이 유리하다. 그간의 상승으로 단기 조정이 나올 수 있기 때문이다. 따라서 이 시기에 신규로 진입한다면 현금 비율 20%는 유지하며 주식을 매집하는 것이 좋다고 본다.

3) 코스피 구조도 4층: 현금비율 80%

이 시기에는 특정 업종에서 불기둥을 만들며 큰 상승이 이어지는 경우가 많다. 개인투자자들은 불기둥에 마음을 빼앗겨 목돈을 가지고 시장에 진입하곤 한다. 하지만 이때 나오는 불기둥은 메이저 세력이 개인 투자자들에게 물량을 넘기기 위한 미끼인 경우가 많다.

따라서 이때는 현금비율을 80%가량 유지하며 신중한 태도로 임할 필요가 있다. 그렇다고 현금비율을 100%로 만드는 것은 좋지 않다고 본다. 코스피 지수가 큰 상승을 이어가며 새로운 추세를 형성할 수도 있기 때문이다. 수익률 극대화를 위해 20%의 주식 비율은 유지할 필요가 있다고 본다.

▶ 지수 하락 방향일 때

1) 코스피 구조도 4, 3, 2층: 현금비율 80%

지수가 하락할 때는 대부분의 종목도 같이 하락하는 경우가 많다. 지수가 10% 하락하면 개별 종목들은 30~50%까지 하락을 하기도 한다. 따라서 이 영역에서는 위험을 줄이기 위해 현금 비율을 최대한 높게 유지하는 전략이 좋다고 본다.

2) 구조도 1층: 현금비율 0%

구조도 1층에서는 대부분의 개인 투자자분들이 주식에 물려서 현금이 전혀 없거나 시장에서 떠난 경우가 많다. 그러나 현명한 투자자들은 이때 쟁여 두었던 현금을 사용하기 시작한다. 헐값에 나온 좋은 주식들을 분할 매수하며 물량을 모아가기 시작한다.

주식시장에 오래 있다 보면 '시장을 예측할 수 있다'고 믿는 사람들을 보게 된다. 자신감에 찬 모습으로 주가 하락 신호가 나오기 전에 빠르게 현금비율을 늘리겠다고 말한다. 하지만 어느 날 갑자기 다 같이 주가가 폭락한다. 한 번의 주가 폭락으로 대응하기 어려운 상황에 처하게 된다. 손쓸 수 있다고 생각했지만 손쓸 수 없음을 뒤늦게 깨닫는다. 이번에는 다르다고 했지만 이번에도 물려서 비자발적 장기투자로 이어지게 된다. 시장의 사이클은 보통 3년 주기로 이어지는 경우가 많다. 그러다 보니 3년마다 이런 장면을 보게 된다. 구조도를 이용한 현금 보유 전략은 이런 위험으로부터 나를 지켜주는 보호장치가 되어 준다. 현금을 잘 관리하는 일, 투자에 있어서 가장 기본이지만 가장 중요한 사항이 아닐지 생각해 본다.

CHAPTER16

신비로운 차트 고수의 세계

45 ··· 차트 고수는 우리가 모르는 비밀을 알고 있는가?

"내가 알고 있는 가장 큰 투자 비법은 단순함이다."
워렌 버핏

나는 10년 이상 주식투자를 해왔다. 짧은 시간이지만 전업 투자를 하기도 했었다. 그만큼 투자에 진심이었다. 그 중에서도 특히 차트 분석에 관심이 많았다. 하지만 배움이 부족해서인지 10년 넘게 차트에 매달려도 엄청난 비법을 찾을 수 없었다.

나는 2011년부터 주식투자를 시작했다. 처음 주식을 접했을 때, 차트의 고수라는 사람들의 말은 신선한 충격이었다. 수년간 차트 분석만 했다는 그들은 마치 무림의 고수처럼 보였다. 무협지를 좋아하던 나에게 그들은 동경의 대상이었다.

그들의 말을 신봉했고, 나도 그들처럼 차트의 비밀만 풀면 엄청난 돈을 벌 것이라 믿었다. 약 8년 동안 차트만 보았다. 온갖 이동평균선을 추가해 보기도 하고, 가격 차트가 안 보일 만큼 많은 보조지표를 사용하기도 했다. 한 달에 100만원 이상 교육비를 내며 차트 분석 강의를 듣기도 했다. 오랫동안 차트 분석에 정말 진심이었다. 그렇게 열심히 해서 얻은 결론이 있다. 그것은 바로 '단순한 게 최고'라는 것이다.

진짜 투자 고수가 차트 분석하는 것을 본 적이 있다. 그의 차트 분석은 단순하고 명쾌했다. 어린애가 들어도 쉽게 이해할 수 있을 것 같았다. 그 뒤로 나는 차트에 설정한 복잡한 지표들을 지웠다. 최대한 단순해지기 위해 노력했다.

이제는 확신한다. 복잡하고 어렵게 설명할수록 '모른다'에 가깝다는 것을. 요새도 투자 관련 콘텐츠를 많이 본다. 과거와 다른 점이 하나 있다. 이제는 차트의 고수라는 사람이 나와서 어려운 말을 반복하면 바로 채널을 돌린다.

46 ··· 거래량은 거짓말을 하지 못한다

차트 분석에서 대단한 발견은 없었지만, 그래도 사용하는 기법 한 두개 정도는 있다. 이 장에서는 내가 사용하는 기법 하나를 소개해볼까 한다. 물론 신비로운 것도 아니고 대단한 것도 아니다. 어렵지 않은 기법이라 누구나 쉽게 배우고 따라 할 수 있을 것이다.

방법을 설명하기 전에, 거래량 설정에서 바꾸어 주어야 할 부분이 있다. 이렇게 설정하는 이유는 가격 차트와 거래량의 색깔을 맞추기 위함이다. 내가 사용하는 키움 증권 HTS를 이용해 설명하도록 하겠다.

▶ 차트의 거래량 설정 방법

1) 종목을 월봉 차트로 바꾸고 다음 그림의 좌측 하단에 보이는 거래량 부분을 더블 클릭한다.

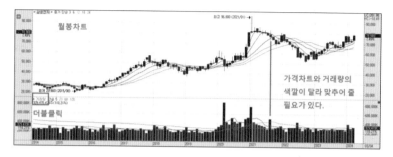

삼성전자 월봉 차트의 모습

2) 라인 설정을 클릭하면 그림과 같은 화면이 나온다

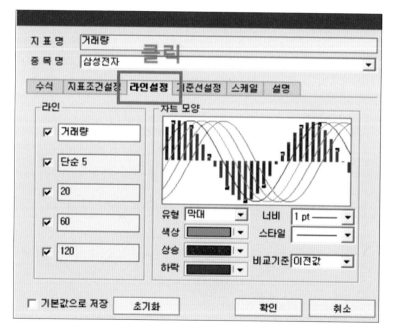

라인 설정을 클릭했을 때 나오는 화면

3) '비교기준' 항목에서 '가격차트'로 바꿔주고 확인 버튼을 클릭한다.

'비교기준' 항목을 '가격차트'로 변경

4) 가격 차트와 거래량의 색깔이 같아진 것을 확인할 수 있다.

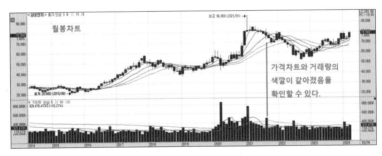

가격 차트와 거래량의 색깔이 같아진 모습

이제 본격적으로 기법에 대해 배워보도록 하겠다. 기법은 매우 간단하다. 초보 투자자분들도 쉽게 배울 수 있을 것이다. 몇 가지 사례를 통해 설명을 이어가도록 하겠다.

(※ 이 내용은 단순 예시일 뿐, 투자를 권유하는 것은 아니니 참고해 주시기 바랍니다)

■ 사례 1 ■

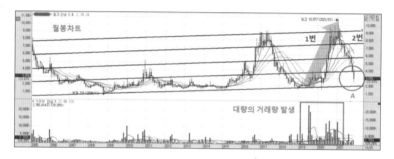

설명을 위한 월봉 차트 예시 1-1

위 그림의 월봉 차트 특징을 살펴보겠다.

▶ 약 10년간 500% 이상의 큰 시세 분출이 없었다.

▶ 1번 구간에서는 대량의 거래량이 발생하며 주가가 상승하였다.

▶ 2번 구간에서는 거래량이 줄어들며 구조도의 하단인 A 영역대에 진입하였다.

이게 전부다. 매우 간단하다. 위와 같은 특징을 갖고 있으며 A 지점으로 다시 돌아온 종목들은 관심을 가지고 지켜볼 필요가 있다.

이 종목은 A 지점 이후로 그림과 같이 1,000% 이상의 시세 분출이 나왔다.

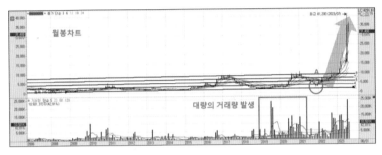

설명을 위한 월봉 차트 예시 1-2

몇 가지 사례를 더 살펴보자.

■ 사례 2 ■

설명을 위한 월봉 차트 예시 2-1

▶ 약 10년간 500% 이상의 큰 시세 분출 없음

▶ 1번 구간, 대량의 거래량 발생하며 주가 상승

▶ 2번 구간, 거래량이 줄어들며 구조도의 하단인 A 영역 진입

▶ A 지점 이후 크게 시세 분출함

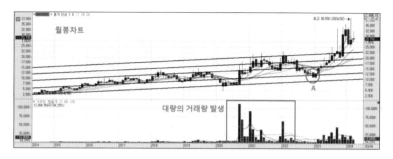

설명을 위한 월봉 차트 예시 2-2

■ 사례 3 ■

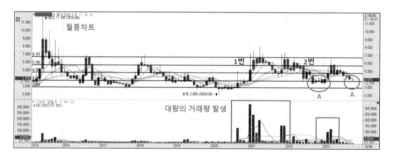

설명을 위한 월봉 차트 예시 3-1

▶ 약 10년간 500% 이상의 큰 시세 분출 없음

▶ 1번 구간, 대량의 거래량 발생하며 주가 상승

▶ 2번 구간, 거래량이 줄어들며 구조도의 하단인 A 영역 진입

▶ A 지점 이후 크게 시세 분출함

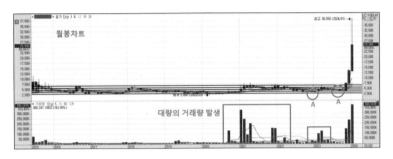

설명을 위한 월봉 차트 예시 3-2

월봉 차트에서 위와 같은 조건들이 보이면 향후 시세 분출의 확률이 올라간다는 것을 확인했다. 왜 이런 현상이 발생하는 걸까?

그 이유는 다음과 같이 생각해 볼 수 있을 것 같다.

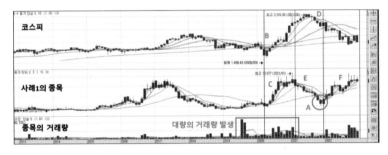

코스피 지수와 사례 1의 종목 비교차트 1-1

1) B 구간: 금리, 유동성 등 외부 환경이 점차 개선되며, 주가가 상승하기 좋은 여건이 된다.

2) C 구간: 좋은 외부환경과 함께 개별 종목에서 Q(판매수량)가 크게 증가할 수 있는 시기가 가까워진다. 메이저 세력들이 물량을 사들이며 주가가 상승한다.

3) D 구간: 금리와 유동성 등 외부 환경이 점차 악화되며, 주가가 하락

하는 상황이 발생한다.

4) E 구간: 개별 종목은 자금 악화 등의 문제를 외부 환경보다 더 빨리 체감하므로, 주가는 먼저 하락한다.

5) F 구간: 외부 환경의 문제가 점차 희석되기 시작한다. 메이저 세력은 다시 개별 종목을 사들이며 조금씩 주가가 상승한다.

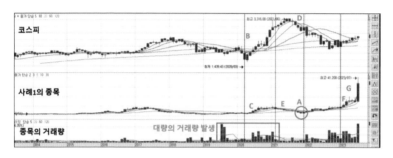

코스피 지수와 사례 1의 종목 비교차트 1-2

6) G 구간: 외부 환경 문제가 개선되자, 개별 종목의 메이저 세력은 기회를 포착하고 크게 시세를 분출시킨다.

물론 100% 확률이란 없다. 그렇기 때문에 이 기법을 사용할 때 주의 사항이 있다. 차트만 보고 판단해서는 절대로 안 된다. 차트는 절대적인 기준이 아니다. 판단을 할 때 신뢰성을 높이는 요소로 사용해야 한다.

예를 들어, CHAPTER10에서 언급한 기준에 맞게 관심종목을 선정했다고 해보자. 성장성이 훌륭하고, 재무적으로도 안정적이며, 가격도 저렴한 상황이다. 이때, 차트에서 위와 같은 거래량의 모습도 확인된다면 향후 몇 년 내 주가 상승에 대한 기대감을 높여주게 된다. 이런 방법으로 거래량을 사용한다면 좋은 종목을 선정하는 데 도움이 될 것이라 본다.

이해하는 순간
투자에 철학이 담긴다

47 ··· 결국 주식투자의 핵심은 무엇일까?

"장기적으로 뛰어난 투자 성적을 얻으려면,
단기적으로 나쁜 성적을 견뎌내야 한다."
찰리 멍거

어떤 유명한 투자 고수가 강의 중에 이런 말을 했다. "계좌의 잔고를 열었을 때 수익률이 항상 '+' 상태를 유지하는 것이 투자의 정석이다. 사자마자 '-'를 보이는 종목은 빠르게 손절하고 '+'를 보이는 종목만 들고 가며 수익률을 확대해야 한다."

이 말은 매우 그럴듯하게 들렸다. 투자의 고수가 말한 대로만 하면 꾸준히 돈을 벌 수 있을 것만 같았다. 그래서 몇 달 동안 열심히 해보았다. 그러나 내가 얻은 결론은 '이 방법으로는 절대 돈을 벌 수 없다'였다.

직장생활을 하다 보면 많은 사람과 대화를 하게 된다. 단골 이야깃거리는 주식투자이다. 친한 사람에게는 구체적인 투자 방법을 묻기도 한다. 놀랍게도 많은 사람이 위의 방법을 사용한다.

"종목을 샀는데 수익률이 '-'로 돌아서면 빠르게 손절하고 '+'인 것들만 가져가려고 해요"라고 말이다. 궁금한 마음에 수익이 좀 났는지 물어

본다. 그럼 10명 중 9명은 계속 손실 중이라고 말한다. 많은 개인 투자자들이 이와 비슷한 경험을 해봤을 것이다. 물론 누군가는 위와 같은 방식으로 꾸준히 수익을 낼지도 모른다. 하지만 내가 본 직장인 투자자 중에서는 이런 방법으로 꾸준히 수익을 낸 사람이 단 한 명도 없었다.

주식 투자는 사자마자 '-' 수익률로 시작하는 게 지극히 자연스러운 일이다. 종목마다 주가가 상승하는 시기가 모두 다르기 때문이다. 상승하기 전까지는 바닥을 다지기 위해 하락하거나 횡보하기도 한다. 이런 준비 과정이 있어야 주식은 크게 상승할 수 있다. 따라서 준비 과정 중에 수익률이 '-'로 보이는 것은 결코 잘못된 것이 아니다.

투자자는 계좌가 꾸준히 불어나는 것에 집중해야 한다. 잔고를 열었을 때 보이는 '-' 수익률에 마음이 흔들려서는 안 된다. 이해를 돕기 위해 그림을 보며 설명을 이어가겠다.

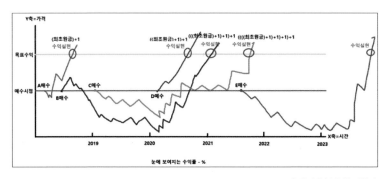

계좌가 불어나는 원리

이 그림을 이해하면 이제 큰 그림이 보이기 시작할 것이다.

1) A 종목:
- 매수 후 짧은 기간 동안 '-'수익률을 보임

- 조금 시간이 지나자 '+'수익률로 전환되며 약 4개월 만에 목표 수익률 도달

▶ 약 4개월 만에 수익 실현 완료

2) B 종목:

- 매수 후 바로 '+'수익률을 보임

- 2개월 후부터 하락하기 시작, 1년 6개월 동안 50% 하락

- 어느 날부터 급등하며 5개월 만에 목표 수익률 도달

▶ 약 2년 만에 수익 실현 완료

3) C 종목:

- 매수 후 바로 '-'수익률을 보임

- 1년 동안 40% 가량 지속적으로 하락

- 2년 동안 급등, 횡보, 급등을 거쳐 목표 수익률 도달

▶ 약 3년 만에 수익 실현 완료

4) D 종목:

- 매수 후 바로 '+'수익률을 보이며 급등, 목표 수익률 도달

▶ 약 4개월 만에 수익 실현 완료

5) E 종목:

- 매수 후 바로 '-'수익률을 보이며 1년 6개월간 50% 가량 하락

- 어느 날부터 급등하며 4개월 만에 목표 수익률 도달

▶ 약 1년 10개월 만에 수익 실현 완료

독자분들이 이해했으면 하는 바람으로 설명을 길게 하였다. 말하고자 하는 핵심 내용은 다음과 같다.

▶ 경제 상황에 따라 모든 종목이 다 같이 하락할 수 있다.
▶ 오랜 기간 '-'수익률을 보이며 투자자를 힘들게 할 수도 있다.
▶ 하지만 때가 되면 종목들이 개화하는 시기가 찾아온다.
▶ 길고 힘든 시간이었지만 결국 목표 수익률에 도달하며 수익금을 준다.
▶ 시간이 갈수록 수익금은 순차적으로 쌓이고 계좌는 계속 불어나게 된다.
▶ 눈에 보이는 잔고 수익률은 계속 '-'였지만 계좌는 계속 원금이 불어나고 있었다.

계좌를 열었을 때 보이는 '-'의 수익률은 중요하지 않다. 내가 좋은 종목을 샀다면 때가 되어 결국 수익으로 이어진다. 설령 어떤 종목이 -50% 수익률을 기록했다고 가정해보자. 그런데 묵혀두었더니 매수 지점을 지나 추가로 300% 이상 상승하게 되었다. 그때가 되면 매수한 지점은 보이지도 않는 작은 점이 된다.

계좌에 보이는 '-'수익률로 괴로워했지만 시간이 지나 결국 내 원금을 불려준 것이다. 허상에 마음을 뺏기지 말고 본질에 집중하는 투자자가 되어야 한다. 본질에 집중하기가 어렵다면 증권사 앱을 지우는 것도 도움이 된다. 그 시간에 산업과 종목에 대해 깊이 있는 공부를 하자. 언제쯤 꽃이 피게 될지 시기를 예상하면서 말이다. 이런 투자관을 가지고 원금을 꾸준히 불려 나가는 투자자가 진정한 투자의 고수라고 생각한다.

48 ··· 복리의 마법

참으면 참을수록 복리라는 놈은 더더욱 당신 편이 될 것이다."
세스클라만

매월 30만원씩 30년을 불입하면 만기 때 47억을 받는 금융 상품이 있다. 독자분들은 이 상품에 가입하겠는가? 나라면 당연히 가입할 것이다. 매월 30만원은 없어도 생활에 큰 지장을 주지 않지만 30년 후에 돌아오는 47억 원은 내 인생을 바꿀 수 있기 때문이다.

그런데 이런 상품이 실제로 존재한다. 바로 주식에 투자하여 복리로 수익을 쌓아가는 것이다.[9] 이 방법을 단계적으로 설명하면 아래와 같다.

▶ 직장 생활을 하며 매월 30만 원씩 주식 자금으로 저축한다.

▶ 주식 투자로 매년 연 20%의 수익을 낸다.

▶ 수익금을 재투자하며 30년을 반복한다.

▶ 30년 후 투자금은 47억으로 불어난다.

---

9 쉬운 설명을 위해 세금은 고려하지 않았다.

저축 종류	이자 지급 방법
적금	연복리
매월 적금액	저축 금리
₩ 300,000	20%
저축 기간	이자 소득세율
30 년	0%

결과

세 후 이자
₩ 4,607,707,460

만기 지급액
₩ 4,715,707,460

'똑똑계산기' 앱을 이용하여 산출된 값

그림과 같이 만기 지급액은 47억 원 이상이 되고, 이자로만 46억 원 이상을 받게 된다. 누군가는 매년 연 20%의 수익률이 가능하냐고 물을 수도 있다. 이에 대해서는 CHAPTER8에서 지수에만 투자를 잘해도 연평균 20%의 수익률이 가능하다는 것을 보았다.

이제 투자자는 간단한 이치에 도달하게 된다. '어릴 때부터 올바른 방법으로 주식투자를 이어갔다면 나이가 들어 누구나 큰 부자가 될 수 있다'는 것을 말이다. 빠르게 가려고 너무 조급하게 행동하지 말자. 괜한 실수로 부자가 될 시기만 늦춰질 뿐이다. 느리게 가는 것이 결국 가장 빠르게 부자가 되는 길이다. 여유를 가지고 천천히 갈 때 기회도 잘 보이는 법이다. 이 글을 읽는 독자분들이 느긋하고 행복한 투자자가 되길 바란다.

"인간이 할 수 있는 가장 좋은 일은
다른 사람이 더 많은 것을 알 수 있도록 돕는 것이다."

찰리 멍거

이 책을 통해 내가 바라는 것

이 책은 17개의 챕터로 구성되어 있지만, 그 내용을 깨닫는 데 10년 이상이 걸렸다. 평균적으로 챕터 하나의 내용을 이해하는 데 수 개월이 소요된 셈이다. 나는 고지식하고 답답한 면이 있어서 이 쉬운 내용을 모두 경험하고서야 깨달았다. 똑똑한 누군가는 책 한 권만 보고도 쉽게 이해하고 적용했을 텐데 말이다.

하지만 좋은 점도 있었다. 고생하며 배운 만큼 하나의 깨달음을 얻을 때마다 전율했고 행복했다. 그 짜릿함은 이루 말할 수 없었다. 그만큼 주식투자에 진심이었고, 삶 그 자체였기 때문이다. 이 글을 읽는 독자분들도 17개의 챕터를 거치며 내가 느꼈던 전율과 행복감을 느낄 수 있었으면 좋겠다.

그리고 나는 이 책을 집필하여 많은 것을 얻었다. 몇 가지를 소개하자면 아래와 같다.

첫째, 내 자녀들에게 올바른 투자 방법을 알려줄 수 있게 되었다.

워렌 버핏은 11세에 처음으로 주식 투자를 시작했다고 알려졌다. 이 경험으로 그는 일찍부터 자본주의를 이해하고 세계적인 부자가 될 수 있었다. 내 자녀들도 워렌 버핏처럼 일찍부터 투자를 경험하고 자본주의를 이해하기를 바랐다.

시간이 갈수록 사회는 현명함을 요구한다. 물가는 계속해서 오를 것이고, 같은 돈으로 더 현명한 소비를 해야 한다. 이런 사회 분위기 속에서 어릴 때부터 쌓인 투자의 경험은 상당한 도움이 될 것이다. 처음부터 모든 것을 이해할 수는 없겠지만, 경험과 교육의 힘은 더 나은 선택을 하도록 도울 것이다. 그리고 더 나은 선택들이 모여 아이들의 미래도 바뀔 것이다. 높은 확률로 자산가가 되어 풍요로운 삶이 가능해지는 것이다.

내 아이들의 미래가 달린 일이기 때문에 나는 무언가 해야만 했다. 내가 할 수 있는 게 무엇이 있을까 곰곰이 생각해 보았다. 생각 끝에 내린 결론은 투자에 관한 교육이었다. 오랫동안 시행착오를 겪으며 얻게 된 경험이 아이들에게 지침서가 될 수 있을 것이라 생각했다. 그런 마음으로 책을 한 장 한 장 써 나가기 시작했다.

내 아이들이 볼 책이기에 핵심만 담고 싶었다. 진짜 돈을 벌 수 있는 그런 핵심 말이다. 투자를 해왔던 10년 이상의 시간을 복기했다. 그리고 진짜 핵심이라고 생각한 부분만을 추렸다. 그럴듯하지만 실전에서 도움이 안 되는 내용들은 최대한 삭제했다. 이 책만 반복적으로 읽고 이해를 한다면 진짜로 돈을 벌 수 있는, 그런 내용만 담으려고 노력했다.

그게 쉽지는 않았다. 하나하나의 방법과 내용은 철학을 이해해야만 한다. 철학을 이해하지 못하면 같은 상황에서 다른 판단을 할 수도 있기 때문이다. 이해를 하려면 스스로 깊은 생각을 해봐야만 한다. 스스로 생각해 볼 수 있도록 문제도 넣고 다양한 사례도 담으려고 시도했다. 그러면서도 최대한 쉽게 쓰려 노력했다. 그렇게 이 책이 만들어지게 되었다. 많은 정성을 쏟았지만 내 생각을 전부 담을 수는 없었다. 그럼에도 반복해서 읽고, 이해하고, 실전에서 사용할 수 있게 된다면 분명 투자의 성과가 있을 것이라 생각한다. 아이들의 앞날을 밝혀줄 수 있다는 것만으로도 이 책은 사실 몇십 억 이상의 값어치는 했다고 생각한다.

둘째, 투자의 세계에서 나 스스로를 지킬 수 있는 오디세우스의 밧줄을 얻었다.

호메로스의 《오디세이아》에서는 오디세우스가 요괴 세이렌의 유혹적인 노래로부터 안전하게 탈출하기 위해 선원들에게는 밀랍으로 귀를 막게 하고 자신은 돛대에 밧줄로 몸을 묶어 세이렌의 노랫소리를 즐기면서도 안전하게 위기로부터 빠져나오는 모습이 나온다.

나는 오디세이아의 이야기가 주식시장의 모습과 너무나 비슷하다고 생각한다. 주식시장에서도 조금만 방심하면 탐욕과 두려움에 잡아먹히기 때문이다. 이 책은 내가 주식시장의 탐욕과 두려움에 잡아먹히지 않도록 도와주는 오디세우스의 밧줄 역할을 해 줄 것이다. 왜냐하면 책을 출간해서 가족을 비롯한 만인에게 공표하고도 내가 책에 써 놓은 대로 원칙을 지키며 행동하지 않는다면 나 스스로 몹시 부끄러울 것이기 때문이다. 망망대해 같은 주식시장에서 나를 지켜 줄 수 있는 안전장치를 얻었다는 것만으로도 이 책은 매우 의미가 있다고 본다.

나는 우리나라 국민 모두가 주식 투자로 부자가 되길 꿈꾼다. 그렇게 되면 자연스럽게 소비는 늘어나고 기업은 더 많은 돈을 벌게 된다. 기업이 더 많은 돈을 벌면 그 안에서 일을 하는 우리나라 국민은 더 많은 돈을 받게 되고 계속해서 국민이 부자가 되는 선순환이 일어나게 되는 것이다.

그 시작은 좋은 지침서를 가지고 올바르게 배우는 것이다. 이 책은 내가 10년 이상을 경험하며 배운 알짜배기만 담았다. 그런 의미에서 이 책은 좋은 지침서의 자질을 갖추었다고 볼 수 있다. 금융 강국 대한민국으로 나아가는 데 이 책이 조금이나마 도움이 될 수 있기를 희망해 본다.

DART (전자공시시스템) 사용방법

DART는 금융감독원이 제공하는 전자공시시스템이다. 이곳에서는 기업의 공시정보를 누구나 쉽게 확인할 수 있다. 정기공시, 주요사항보고, 지분공시 등 다양한 사항을 공시한다. 투자자라면 반드시 사용해야 할 사이트 중 하나이다. 이 사이트를 이용하는 방법은 검색 포털에서 'DART' 또는 '전자공시시스템'을 검색하면 된다. 또는 하단에 보이는 QR코드를 통해서도 사이트에 접속할 수 있다.

DART 전자공시시스템 QR코드

초보 투자자의 경우 공시 정보를 보는 데 어려움을 느껴서 DART 사이트를 이용하지 않는 경우가 종종 있다. 하지만 공시정보를 보기 위해 높은 수준의 지식이 필요한 것은 아니다. 쉬운 내용만 선별해서 보아도 충분히 도움이 된다. 부록편에서는 쉬우면서도 알아두면 유용한 DART 사용방법에 대해 살펴보도록 하겠다.

기업이 사업을 잘 진행하고 있는지에 관해 가장 빠르고 정확하게 확인할 수 있는 방법은 공시를 통해서이다. 각 기업은 매 분기마다 정기적인 공시를 통해 사업의 현황을 보고한다. 이를 확인할 수 있는 방법은 '공시통합검색' 시스템에서 종목의 이름을 입력하고 검색 버튼을 누르면 된다. 삼성전자를 예로 들어 확인해 보도록 하자.

1. 공시통합검색에서 '삼성전자'를 입력 후 '검색' 버튼을 누른다.

DART 전자공시시스템의 모습

2. 삼성전자의 공시 정보가 시간순으로 모두 나오는 것을 볼 수 있다.

투자자가 관심을 가져야 할 보고서는 '주식 등의 대량보유상황보고서(일반)'와 '분기보고서'이다.

'삼성전자'를 검색했을 때 나오는 모습

1. 주식 등의 대량보유상황보고서

이 보고서에서는 주식을 대량으로 가지고 있는 주체가 주식 비율을 늘렸는지 줄였는지를 확인할 수 있다. 주식을 대량으로 보유한 주체가 주식 비율을 조정하는 데는 분명한 이유가 있을 것이다. 따라서 주식 대량보유자들의 행보를 확인하는 것은 개별 기업에 투자할 때 큰 도움이 된다.

주식등의 대량보유상황보고서

(일반서식 : 자본시장과 금융투자업에 관한 법률 제147조에 의한 보고 중 '경영권에 영향을 주기 위한 목적'의 경우)

금융위원회 귀중 보고의무발생일 : 2024년 05월 20일
한국거래소 귀중 보고서작성기준일 : 2024년 05월 21일

| 보고자 : | 삼성물산주식회사 |

요약정보			
발행회사명	삼성전자주식회사	발행회사와의 관계	계열회사등
보고구분	변동 · 변경		
보유주식등의 수 및 보유비율		보유주식등의 수	보유비율
	직전 보고서	1,199,491,688	20.09
	이번 보고서	1,199,285,813	20.09
주요계약체결 주식등의 수 및 비율		주식등의 수	비율
	직전 보고서	133,395,104	2.23
	이번 보고서	97,526,980	1.63
의결권의 수 및 보유비율		의결권의 수	보유비율
	직전 보고서	-	-
	이번 보고서	-	-
주요계약체결 의결권의 수 및 비율		의결권의 수	비율
	직전 보고서	-	-
	이번 보고서	-	-
보고사유	- 특별관계자 및 보유주식수 변동
- 보유주식등에 관한 계약의 변경		

주식등의 대량보유상황보고서

2. 분기보고서

분기보고서를 통해 한 분기 동안의 기업의 재무 상태와 주요 성과들을 확인할 수 있다. 초보 투자자의 경우 [그림18-4]에 빨간색 박스로 된 'Ⅱ. 사업의 내용' 부분과 'Ⅸ. 그 밖에 투자자 보호를 위하여 필요한 사항'에서 '2. 우발부채 등에 관한 사항' 부분은 꼼꼼히 읽어볼 것을 권장한다. 처음에는 낯설게 느껴질 수 있지만, 반복해서 보다 보면 익숙해질 것이다. 결코 어려운 내용이 아니다.

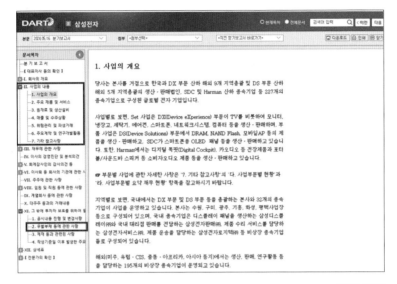

초보투자자가 'Ⅲ. 재무에 관한 사항'에 있는 재무제표까지 보면 당연히 좋다. 하지만 어렵게 느껴진다면 [그림18-4]의 빨간색 네모박스 부분의 내용이라도 꼼꼼히 살펴보길 바란다. 이 내용만 반복해서 보더라도 기업이 돌아가는 현황을 대략적으로 알 수 있게 된다.

그 밖에도 DART 사이트에서는 검색만 잘해도 고급 정보를 쉽게 얻을 수 있다. 내가 투자할 종목을 찾을 때 가끔 사용하는 방법이 있다. 초보투자자에게 매수할 종목을 찾는 데 도움이 될 수 있어 이 정보를 공유하고자 한다.

내가 자주 사용하는 방법은 실적이 좋은 자산운용사, 또는 유명한 투자자가 대량으로 매입 중인 종목을 관심 종목으로 편입해 관찰하는 것이다. 예시를 통해 살펴보도록 하자.

'브이아이피자산운용'은 실력 있는 자산운용사 중 하나이다. 이곳은 유명한 가치투자자인 최준철, 김민국 대표가 운용하는 자산운용사이다. 뛰어난 혜안을 가진 이들이 대량으로 매입하고 있는 종목을 알 수 있다면, 그것은 상당히 좋은 투자기회가 될 것이다. DART에서는 놀랍게도 이것이 가능하다. 지금부터 그 방법을 설명하도록 하겠다.

▶ '제출인명' 칸에 '브이아이피자산운용'을 검색한다.
▶ 공시유형에서 '지분공시'를 체크하고 검색 버튼을 누른다.
▶ 날짜별로 운용사가 5%이상 지분을 매입한 종목들을 확인할 수 있다.
▶ 신뢰하는 운용사나 투자자가 있다면 바꿔가며 검색해 본다.

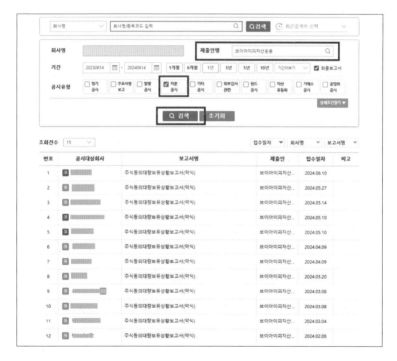

지분공시를 통한 종목 발굴

여기서도 주의할 사항은 있다. 실력 있는 자산운용사가 대량으로 매입하는 종목이라고 해서 무조건 매수해서는 안 된다. 반드시 해당 종목의 뉴스를 검색해 보고, 이 운용사가 해당 종목의 어떤 미래를 보고 투자를 하고 있는지, 몇 년 앞을 내다보고 투자를 하고 있는지 등을 파악한 뒤 관심 종목에 편입해야 한다. 이런 노력이 더해진다면 훌륭한 종목을 찾아내는 좋은 아이디어가 될 것이다.

참고문헌

이형도, 《《거래의 신, 혼마》》, 이레미디어, 2008
박영옥, 《《주식투자자의 시선》》, 프레너미, 2016
니콜라스 다바스, 《《니콜라스 다바스 박스이론》》, 페이지2북스, 2022
우라가미 구니오, 《《주식시장 흐름 읽는 법》》, 한국경제신문, 2021
하워드 막스, 《《투자와 마켓 사이클의 법칙》》, 비즈니스북스, 2018
하워드 막스, 《《투자에 대한 생각》》, 비즈니스맵, 2012
정재호, 《《주식 시세의 비밀》》, 프런트페이지, 2023
윤지호 외 4인, 《《한국형 탑다운 투자 전략》》, 에프엔미디어, 2023
이래학, 《《대한민국 산업지도》》, 경이로움, 2024